KB123068

평생에 한 번은 꼭 손자병법을 읽어라

평생에 한 번은 꼭 손자병법을 읽어라

지은이 · 손무 | **엮은이** · 김이리

펴낸이 · 오광수 외 1인 | **펴낸곳** · 주변인의길

편집 · 김창숙, 박희진

주소 · 서울시 용산구 한강대로76길 11-12 5층 501호

TEL · (02) 3275-1339 | **FAX** · (02) 3275-1340

jinsungok@empas.com

초판 1쇄 인쇄일 · 2015년 6월 30일 | **초판 7쇄 발행일** · 2024년 11월 30일

ⓒ 주변인의길

ISBN 978—89—93536—44—7 (03100)

*도서출판 꿈과희망은 주변인의 길의 계열사입니다.

孫子兵法

평생에
한 번은 꼭
손자병법을
읽어라

손무 지음 | 김이리 엮음

주변인의길

치열한 삶의 현장에서 살아남기

현대는 무한경쟁 사회이다. 경쟁자를 누르고 꺾어야만 살아남을 수 있는 상대평가가 만연된 사회이다. 그런 냉혹한 잣대를 들이미는 사회에서 인간의 고귀한 본성을 지키며 살아남는 방법은 없을까? 그러려면 일단 탁월한 경쟁력을 지녀야 한다. 오직 지식만이 유일한 경쟁력이라면 미국과 유럽에서 학위를 받아온 사람들의 미취업 문제가 사회화되지도 않을 것이다. 과학문명은 첨단에 이르렀는데 그 과학을 누리고 살아야 하는 사람의 인성은 위태롭기 그지없다. 그래서 우리는 다시금 반문하게 된다. 지금 우리가 과연 잘 살고 있는 것일까? 그 어떤 풍요와 번성에도 마음이 행복하지 못하면 무슨 의미가 있겠는가.

지식보다 더 중요한 것은 인성이고, 오늘날의 사회는 피라미드처럼 쌓아올린 스펙보다, 됨됨이가 올곧은 전인적인 품성을 요구하는 쪽으로 바뀌고 있다. 우물이 깊어야 맑은 물을 길어 올릴 수 있다는 것을 알아야 한다. 인격을 갖추지 못한 지식은 끝내 욕심을 부둥켜안은 채 추락하고야 마는 사회악이 될 뿐이다. 높은 빌딩을 올리기 위해서는 먼저 보이지 않는 지하의 지반을 탄탄하게 다져 놓아야 하는 것이다.

옛 선인들의 소박한 자족의 삶에서 우리는 그 열쇠를 찾을 수 있다. 콩 한 쪽도 나눠 먹던 여유에서 바른 덕목을 배워야 한다. 동서고금을 뛰어넘어 세계인의 양서가 된 중국 고전을 통해 진정한 행복을 배우고 생명의 소중함을 깨달아, 긍정적이고 진취적인 마인드를 회복하기를 바란다.

[손자병법]은 춘추 시대 오(吳)나라 출신의 천재 병법가이자 전략가인 손무(孫武)가 지은 대표적인 병법서이다. 1편 「시계(始計)」, 2편 「작전(作戰)」, 「모공(謀功)」, 4편 「군형(軍形)」, 5편 「병세(兵勢)」, 6편 「허실(虛實)」, 7편 「군쟁(軍爭)」, 8편 「구변(九變)」, 9편 「행군(行軍)」, 10편 「지형(地形)」, 11편 「취지(就地)」, 12편 「화공(火攻)」, 13편 「용간(用間)」 등 총 13편을 통해 전쟁에 임하는 기본 마음가짐과 나아가 군사의 운용법을 다루고 있다. 기본적인 원칙으로부터 실전에 응용될 수 있는 다양한 전술에 이르기까지 깊이 있게 다루고 있다. 중국 병가 사상의 진수를 담은 책으로 오늘날까지도 널리 사랑받고 있다.

주요 핵심은 가능한 한 싸우지 않고 승리하는 것을 주로 하고, 일단 전쟁이 일어나면 승리해야 한다는 것인데, 병서로서는 모순을 느낄 만큼 비호전적인 것이 특징이다.

제3편 '모공편'에서 '백전백승보다 싸우지 않고 이기는 것이 최상이다'라는 말이 나온다.

是故百戰百勝 非善之善者也 不戰而屈人之兵 善之善者也
시 고 백 전 백 승 비 선 지 선 자 야 부 전 이 굴 인 지 병 선 지 선 자 야

'그러므로 백전백승은 최상의 방법이 아니다. 싸우지 않고 굴복시키는 것이 최상이다.'

또 제12편 '화공편'의 '분노 때문에 전쟁을 일으키지 말라'는 부분은 현대를 사는 우리에게도 깊은 교훈을 준다. '분노는 다시 기쁨으로 바뀔 수도 있지만 죽은 자를 다시 살릴 수는 없다'는 말, 생명의 존엄을 강조하는 귀한 진리 아닌가.

主不可以怒而興師 將不可以慍而致戰 合於利而動 不合於利而止
주 불 가 이 노 이 흥 사　장 불 가 이 온 이 치 전　합 어 리 이 동　부 합 어 리 이 지

怒可以復喜 慍可以復悅 亡國不可以復存 死者不可以復生 故明君愼之
노 가 이 복 희　온 가 이 복 열　망 국 불 가 이 복 존　사 자 불 가 이 복 생　고 명 군 신 지

良將警之 此安國全軍之道也
양 장 경 지　차 안 국 전 군 지 도 야

'무릇 군주는 분노 때문에 군사를 일으켜서는 안 되고, 장수 또한 분노로써 전투를 해서는 안 된다. 이익에 합치되면 움직이고 그렇지 않으면 그쳐야 한다. 분노는 기쁨으로 바뀔 수 있고 화났던 일도 즐거움으로 바뀔 수가 있지만, 망한 나라는 다시 존재할 수가 없으며 죽은 자를 다시 살릴 수는 없다. 그러므로 현명한 군주는 전쟁을 삼가고 훌륭한 장수는 항상 전쟁을 경계한다. 이것이 국가를 안전하게 하고 군대를 보전하는 방법인 것이다.'

'손자병법'을 엮으면서 현대인의 삶과 사랑에 있어서도 적용할 부분이 많은 것에 대해 놀라게 되었다. 시대가 다를 뿐 사람이 지켜야 할 도리와 덕목이 어디 가겠는가. 국가관은 바뀔 수 있어도 인간애와 도덕은 바뀌지 않는다. 손자병법을 통해 좀 더 지혜와 아량을 키워, 전투와도 같이 치열하게 일해야만 살아남을 수 있는 일터와 삶의 현장에서 보람을 거둘 수 있기를 바란다.

곁에 두고 짬짬이 읽어, 자신만의 아름다운 삶의 병법과 깊은 통찰력을 기를 수 있기를 기대해 본다.

엮은이 김이리

277 ● 제12장 화공편(火攻篇)

제1장
시계편
始計篇

시계편은 총 13편의 총론으로 병법의 기본서이다. '시계(始計)'란 최초의 근본적인 계획이란 뜻이다. 시작하기 전에 성공할 것인지 실패할 것인지를 꼼꼼히 계산해 봐야 하며, 일시적인 상황이나 즉흥적인 감정으로 무모한 전쟁을 벌여서는 안 된다는 엄중한 경계를 담고 있다.

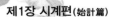

전쟁은 나라의 중대사이다

손자는 말하였다. 전쟁은 나라의 중대사이다. 사람들의 생사가 달려 있고, 나라가 존속하고 멸망하는 갈림길이 될 것이니 마땅히 잘 살펴야만 할 것이다.

孫子曰 兵者, 國之大事, 死生之地, 存亡之道, 不可不察也
손 자 왈　병 자　　국 지 대 사　　사 생 지 지　　존 망 지 도　　　불 가 불 찰 야

🎴 • • • • • •

전쟁은 국가와 국가 사이에 벌이는 무력에 의한 싸움이다. 전쟁을 치르는 나라에게는 더없이 큰 중대사로 많은 사람들의 생사가 걸려 있을 뿐만 아니라, 나라가 존속하느냐 멸망하느냐 하는 중대한 결과가 달려 있다. 따라서 결코 가볍게 생각할 문제가 아니라는 손자의 전쟁관이 확고하게 담겨 있다.

오늘날 세계 각국은 전쟁이 없는 평화로운 세계를 목표로 노력하고 있다. 명분이 아무리 좋은 전쟁이라고 해도 많은 생명의 희생이 요구되기 때문이다. 협상과 대화를 통하여 전쟁은 많이 줄어들었지만 불가피한 전쟁은 오늘날도 지엽적으로 계속되고 있어 안타깝다. 목적을 위하여 사람의 목숨을 무기로 사용하는 IS를 볼 때, 물질 만능의 현대문명이 결코 인간을 더 행복하게 만들지 못한다는 교훈을 깨닫게 된다.

고구려와의 긴 전쟁으로 멸망을 재촉한 수나라의 경우를 봐도 전쟁에는 국가의 존망이 달려 있다는 것을 알 수 있다.

당시 북경에는 113만의 대군이 집결했고, 보급부대의 숫자는 그 2배를 넘었다. 병사들의 행렬은 장장 480킬로미터에 달해 출발에만 40일이 걸렸다. 수군 정예부대 4만 명도 산둥 반도를 떠나 평양성으로 진격했다.

당시 고구려의 장수는 을지문덕이었다. 그는 유인작전을 펼쳐 수나라 별동대를 깊숙이 끌어들인 후 일시에 섬멸하는 작전을 세워놓고, 예정된 후퇴를 거듭했다. 수나라 군대는 하루 7번 싸워 7번 이기는 승전을 거듭하며 평양성에 닿았다.

뒤에 사태를 알아챈 우중문은 총퇴각을 명령했지만 이미 늦었다. 복병의 공격에 패주하던 군대가 살수(청천강)를 반쯤 건넜을 때, 고구려군은 막아놓았던 강물을 일시에 터뜨림으로써 수나라 군대를 거의 궤멸시켰다. 이 일로 수나라의 국력은 크게 약화되었고 멸망의 길로 들어서고 말았다.

전쟁을 하기 전에
정확한 상황파악을 하라

그러므로 전쟁을 진행함에 있어서 다음의 다섯 가지 일로 병법의 경계 기준을 삼고, 일곱 가지 계책으로 비교하여 그 정세와 상황을 파악해야 한다.

故 經之以五事 校之以計, 而索其情:
고　경지이오사　교지이계　　이색기정

오늘날의 전쟁은 이전의 전쟁과 크게 다르다. 무엇보다도 우수한 최첨단 군비가 중요한 시대가 되었다. 그러나 실질적인 전쟁의 준비는 예나 지금이나 크게 다르지 않다. 국내적으로는 다섯 항목에 대하여 충분히 따져보고, 대외적으로는 일곱 사항을 잘 살펴 전쟁 당사자 양국을 비교 검토함으로써 그 우열을 알아야 한다. 손익도 계산해 봐야 한다. 감정적으로 섣불리 일을 벌여서는 안 되며, 무엇보다도 철저한 기본 조사가 있어야 한다.

전근대 시대 때는 용병을 많이 투입했고, 근대국가에서는 제도적인 국가의 군대와 세금으로 유지되는 군 조직, 그리고 대포나 무기 등의 군비확대를 통해 국가의 힘을 키워 왔다.

1792년부터 1815년까지 이어진 나폴레옹 전쟁 때는 일반 병역의무에 기초한 국민군의 형성이 가능해져 징병제에서만 가능한 병력수가 전선에 투입되었다. 프랑스의 패배로 끝난 그 전쟁으로부터 약 1세기 후인 제1차 세계대전은 전선의 병사뿐만 아니라 후방 체제를 포함한 전 국민의 총력을 집결하여 싸우는 총력전으로 전쟁의 범위가 국가 전체로 확대되었다.

전쟁을 수행할 때,
다섯 가지를 염두에 두라

첫째는 도(道)요, 둘째는 하늘(天)이요, 셋째는 땅(地)이요, 넷째는 장수(將)요, 다섯째는 법(法)이다.

一曰道, 二曰天, 三曰地, 四曰將, 五曰法.
일 왈 도　이 왈 천　삼 왈 지　사 왈 장　오 왈 법

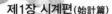 ‧ ‧ ‧ ‧ ‧ ‧

첫째는 절대로 명분 없는 전쟁을 일으켜서는 안 된다. 또한 욕심 때문에 억지로 명분을 짜 맞춰서도 안 된다. 국가의 도덕에 부합하는지, 또 국민의 공익에 부합되는지를 따져봐야 한다. 국가의 복리와 인류의 복리에 유익한 일인지를 살펴야 한다. 전쟁 때는 무고한 인명의 희생이 반드시 따르게 마련이지만 그런 희생을 치르고서라도 더 나은 인류복지로 향하는 길, 결국은 정의 추구라는 고귀한 가치를 지닌다는 점, 그것이 도(道)이다.

둘째는 하늘이다. 인간은 기상에 크게 지배를 받는다. 자연법칙을 경외하여 도움을 받을 수 있을 때 움직여야 유리하다.

셋째는 땅이다. 이것은 지리조건을 가리킨다. 산악이나 강 등 자연지리학적인 조건을 알아야 전진하고 머무를 것을 결정할 수 있다. 자주 홍수가 범람하는 강 옆에 진을 쳐서는 안 될 것이다.

넷째는 군대를 통솔하는 장수이다. 군대를 지휘하는 수장으로, 오늘날의

리더를 말한다. 기업으로 생각하면 회장, 사장, 중역 등 모든 조직을 이끌어 나가며 지시하는 쪽에 선 사람이다.

　다섯째는 법제, 곧 규칙과 질서를 가리킨다. 군대 내에서는 모든 병사들이 일사불란하게 군법에 따라 움직인다.

　이 다섯 가지를 알아야 전쟁을 수행할 수 있다.

제1장 시계편(始計篇)

명분이 있으면
위험도 두려워하지 않게 된다

도(道)라는 것은 백성으로 하여금 군주와 더불어 뜻을 같이하여, 그와 함께 죽을 수도 있고 그와 함께 살 수도 있어, 모든 위험을 두려워하지 않게 되는 것이다.

道者 令民 與上同意 可與之死 可與之生 而民不畏危也
도 자 영 민 여 상 동 의 가 여 지 사 가 여 지 생 이 민 불 외 위 야

전쟁에 투입된 군대는 일심동체이다. 삶과 죽음의 공동체일 뿐만 아니라 생각과 뜻도 같아야 한다. 전쟁의 목적이 누구에게도 공감되어 주저없이 한 몸처럼 움직일 수 있어야 한다. 소나 말을 물가까지 끌고 갈 수는 있으나, 억지로 물을 먹일 수는 없다. 바른 명분이 있으면 목숨도 같이할 수 있다는 각오가 생긴다. 그렇게 마음으로 무장된 군대는 결전에 임해서도 뒤로 물러서지 않는다. 명분을 위해서 정의롭게 죽을 수 있는 동물은 인간밖에 없다. 자기를 희생하여 타인의 복리를 추구하는 일은 아무나 할 수 있는 일이 아니다.

기후와 계절을 적극 활용하라

천(天)이란 낮과 밤, 춥고 더움, 맑고 흐림, 계절 등의 시간적 조건을 가리킨다.

天者 陰陽 寒暑 時制也.
천 자 음 양 한 서 시 제 야

특히 화공법의 경우 바람을 타야만 승리할 수 있다. 바람의 방향을 잘못 잡아 역풍이 불게 되면 불길은 아군을 집어삼킬 수도 있다. 그러므로 유능한 장수는 일기의 변화와 기상을 잘 알아야 한다. 계절의 변화에 대한 분석과 파악, 그리고 전투에 활용하는 능력이 있어야 한다. 역사 속에서 전쟁을 승리로 이끈 명장들은 모두 기후와 날씨를 전투에 유익하게 활용할 줄 알았다.

오늘날은 일상생활을 하는데 있어서 에어컨과 난방기구를 사용하기 때문에 실내에서 일할 때는 날씨로 인한 영향은 거의 받지 않고 업무에 임할 수 있다. 그러나 외부의 건축 현장이라든지 건설 등의 분야에서는 일기와 기후에 영향을 받는다. 기상대에서 미리 날씨를 예측하여 작업의 공정을 결정하는 등 밀접한 관계가 있다. 기상조건에 민첩하게 잘 대응하는 것도 삶의 지혜로운 방법이다.

지리적인 조건을 잘 이용하라

지(地)란 거리의 멀고 가까움, 지세의 험하고 평탄함, 지역의 넓고 좁음, 지형의 유리함과 불리함 등의 지리적 조건을 말한다.

地者 遠近 險易 廣狹 死生也
지 자 원 근 험 이 광 협 사 생 야

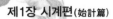

멀고 가까운 거리의 문제, 험하고 평탄한 문제, 많은 군사들의 이동이 가능할 만큼 넓은가 좁은가의 문제, 더 이상 물러날 데가 없는 사지(死地)인가, 아니면 살아날 방도가 있는 곳인가를 잘 파악하고 있어야 한다. 땅의 지리적인 이점과 불리한 점을 알고 있으면 전진할 곳과 퇴로도 계획을 세울 수 있기 때문에 군사들의 피해를 최소화하면서 승리를 쟁취할 수 있다. 그러기 위해서는 지리적인 장소나 위치를 아는 지식으로만 끝나서는 안 되고, 전술적으로 유리한 작전을 펼쳐서 승리를 거둘 수 있는지를 잘 헤아려야 한다. 그러므로 지식적인 부분 외에 오랜 경험이 주는 장수로서의 육감이 있어야 한다. 이 모든 것이 땅에 대처하는 육감이라고 할 수 있다.

장수가 갖춰야 할 기량

장수는 지모와 신의, 인자, 용기, 위엄을 갖춰야 한다

將者 智信仁勇嚴也.
장 자 지 신 인 용 엄 야

❀ • • • • • •

전쟁을 수행하는 장수는 장수로서의 다섯 가지 기량을 갖춰야 한다. 대의를 먼저 생각해야 하고, 가까운 사이라도 냉정하게 처리하는 공정성과 과단성을 갖춰야 한다.

서기 227년, 촉나라의 승상 제갈량은 위나라를 정벌하기 위해 기산으로 진출하여 위나라 군대와 격돌하게 되었다. 당시 위나라 국권을 장악하고 있던 사마의는 직접 20만 대군을 이끌고 방어진을 구축하고 사활을 건 일전을 준비하고 있었다.

제갈량은 위나라군의 방어진을 깨뜨릴 방안 마련에 골몰했는데, 결전에 앞서 가장 고심한 문제는 보급 수송로의 요충지인 가정을 어떤 장수에게 맡기느냐 하는 것이었다. 군량미가 안전하게 보급되어야만 병사들이 잘 싸울 수 있다. 사마의는 전략에 통달한 인물이라 가정을 기습 공격할 가능성

에 대비해야 했다. 전군을 지휘해야 하는 자기가 가서 지키고 있을 수는 없는 일이었다. 고심하는 제갈량 앞에 절친한 장수 마속이 자원해 나섰다. 군략에도 일가견을 갖고 있는 촉망받는 인물이었다.

"가정 땅을 잃게 되면 이번 출정은 헛일이 되고 우린 회군해야 하네."

"제 목숨을 걸겠습니다. 실패하면 참형에 처하십시오."

"적군이 접근하지 못하도록 섣불리 자리를 움직이지 말게."

현지에 도착한 마속은 제갈량의 충고보다는 산 위에다 진을 치고 역공을 취하는 것이 훨씬 효과적일 것 같았다. 그런데 위나라군은 산기슭을 포위한 채 시간만 끌었다. 마속의 병사들은 식수와 식량이 동이 나서 큰 고난을 겪게 되었다.

'아! 승상의 지시에 따를 것을! 경솔했구나!'

마속은 크게 후회했다. 결국 군사 대부분을 잃고 구사일생으로 제갈량이 있는 본진에 도착했다. 가정을 적에게 내줌으로써 중원 진출의 꿈은 물거품이 되고 말았다. 제갈량은 군율에 따라 마속을 참수형에 처했다.

"참으로 아까운 인재이고 그를 사랑하는 마음이 크오. 그러나 군율을 어기면 마속이 지은 죄보다 더 큰 죄가 되오. 장수들과 병사들에게 기강을 말할 수 있겠소?"

제갈량은 돌아서서 소맷자락으로 얼굴을 가리고 흐느꼈다.

제1장 시계편(始計篇)

군대는 탄탄한 조직을 갖추어야 한다

법(法)이란 군대의 편제와 군의 직제와 군비 보급을 말한다.

法者 曲制官道 主用也.
법 자 곡 제 관 도 주 용 야

　법을 단순히 군법으로만 이해해서는 안 된다. 법가사상가들은 공평무사한 법치, 즉 공정한 법의 집행을 역설했다. 군법은 보통의 법보다 훨씬 엄격해야 한다. 군법이 무너지면 일사불란하게 통솔하기가 어려워진다. 곡제를 오늘날의 기업체에 비유해서 말하면, 효율을 위해서 나눈 조직과도 같다. 가장 소규모 조직인 계나 그 다음의 과, 부 등의 부서가 나뉘어 있다. 조직을 잘 갖추고 활성화가 잘 되어 있으면 그 기업체는 계속 성장해 나갈 수 있다. 그러나 능력이 없는 자가 큰 조직의 수장이 되어 사사로운 감정을 앞세워 관리해 나가게 되면 책임감 없는 부실한 조직이 될 수 있다. 부실한 조직은 결국 기업에 손실을 가져온다. 또 조직을 너무 많이 세분화시키면 결제 단계가 많아짐에 따라 업무를 신속하게 추진할 수가 없게 된다. 여러 단계를 거치는 동안 책임의 소재가 애매모호하게 되는 경우도 있다. 따라서 군(軍)이나 기업체의 발전은 곡제의 완비에 따라 좌우된다고 할 수 있다.

장수라면 이 다섯 가지를 알아야 승리한다

이 다섯 가지의 기본 원칙은 장수라면 누구나 다 알아야 한다. 이를 참되게 이해하고 있는 자는 이기고 알지 못하는 자는 이기지 못한다. 그러므로 모계로써 다섯 가지 원칙을 비교하여 그 정세를 모색해야 한다.

凡此五者, 將莫不聞, 知之者勝, 不知者不勝.
범 차 오 자　장 막 불 문　지 지 자 승　부 지 자 불 승

故 校之以計, 而索其情.
고　교 지 이 계　이 색 기 정

장은 공자가 말한 군자(君子)를 가리킨다. 공자가 말한 군자는 백성을 사랑할 줄 하는 군자이다. 그 어떤 뛰어난 공을 세울지라도 백성 사랑이 밑바탕에 깔려 있지 않다면 아무런 의미가 없다.

다섯 가지, 즉 도(道), 천(天), 지(地), 장(將), 법(法)에 대한 것을 장수로서 모르는 자는 없을 것이다. 그 참뜻을 진정으로 알고 있는 자는 승리하고, 겉으로만 알 뿐 참된 이론을 깨닫지 못한 사람은 승리할 수 없다.

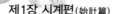

제1장 시계편(始計篇)

승부를 가늠하는 일곱 가지 기준

말하자면 군주는 어느 쪽이 더 도의적인가? 장수는 어느 쪽이 더 유능한가? 하늘과 땅은 어느 쪽에 유리한가? 법령은 어느 쪽이 더 잘 운용하고 있는가? 군사들은 어느 쪽이 강한 가? 병사들은 어느 쪽이 더 잘 훈련되어 있는가? 상벌(賞罰) 체계는 어느 쪽이 분명한가? 이것으로써 병법가는 승부를 알 수 있다.

曰 主孰有道 將孰有能 天地孰得 法令孰行 兵衆孰强 士卒孰鍊
왈 주 숙 유 도 장 숙 유 능 천 지 숙 득 법 령 숙 행 병 중 숙 강 사 졸 숙 련

賞罰孰明 吾以此 知勝負矣
상 벌 숙 명 오 이 차 지 승 부 의

⊛ • • • • • •

이하 일곱 가지 항목은 전부 전쟁 당사국인 두 나라를 비교한 것이다. 군주가 옳지 않고 방탕하여 백성을 돌보지 않은 나라는 결국 망하고 만다. 좋은 정치를 펼치는 군주를 찾아 목숨을 걸고 국경을 넘는 경우는 예전에도 많이 있었다. 당장 우리나라의 경우도 탈북해 오는 북한 주민이 얼마나 많은가.

프랑스어인 '노블레스 오블리주'를 생각하면 된다. '귀족은 의무를 갖는다'는 의미인데, 보통 부와 권력, 명성은 사회에 대한 책임과 함께 해야 한다는 뜻이다. 오늘날 기업에서도 대표의 도덕성이 중요시되고 있다. 끝없는 욕심이 아닌 더불어 사는 사회 환원을 추구하는 기업이야말로 기업의 수명을 오래 유지할 수 있다. 이는 개인의 삶에도 적용된다. 사회는 지극히 유기적이어서 모든 것이 서로 맞물려 돌아가는 톱니바퀴와도 같다.

혜안을 지닌 병법가라면 이러한 몇 가지 사항만으로도 전쟁의 승부를 예측할 수 있을 것이다.

• 33

제1장 시계편(始計篇)

병법가의 계책을 경청하라

장수가 병법가의 계책을 경청하여, 이것을 활용하면 반드시 승리하고 병법가는 그에게 머무를 것이다. 그러나 장수가 병법가의 계책을 경청하지 않고, 이것을 활용하면 반드시 패하고 병법가는 떠날 것이다.

將聽吾計用之 必勝留之 將不聽吾計用之 必敗去之
장 청 오 계 용 지　필 승 류 지　장 불 청 오 계 용 지　필 패 거 지

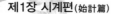 • • • • • •

군주는 지략이 뛰어난 병법가를 존중하여 전문가의 말에 따라야 한다는 뜻이다. 군주가 병법가를 무시하고 그의 조언도 권력으로 누르려고만 하면 군주는 인재를 잃을 수밖에 없다. 인격적으로 대해 주고 그의 계책을 귀 기울여 듣고 따른다면 전쟁에서도 승리하고, 자기를 알아주는 군주 곁에 인재들은 머물면서 계속 돕는 관계를 유지할 수 있다. 군주는 병법가의 계책 중에서 취할 것은 취하고 버릴 것을 버리는 판단 능력이 있어야 한다.

왕위에 오른 오나라의 부차는 대신인 백비를 발탁하여 총리대신에 임명하였다. 이듬해, 오 왕은 월나라를 공격하여 부추산에서 격파하였다. 잔병 5천 명과 함께 회계산에 머물던 월의 왕 구천은 백비에게 많은 뇌물을 보내 화친을 청하였다. 왕은 화평을 허락했으나, 오자서는 반대하였다.

"월의 왕은 큰 괴로움을 견디어 낸 인간입니다. 지금 완전히 멸망시키지

않으면 반드시 후회하게 될 것입니다."

그러나 오의 왕은 충고를 듣지 않고 월나라와 강화해 버렸다. 그리고 7년 후에 오의 왕은 제나라를 공격하였다.

이때도 오자서는 충고하였다.

"월의 왕 구천이 죽지 않는 한, 오나라의 근심은 계속될 것입니다. 월나라를 내버려두고 제나라를 공격하는 것은 큰 잘못입니다."

그러나 오의 왕은 자기 생각대로, 제나라를 공격하여 애릉에서 격파하였다. 부차 9년에는 추나라를 위하여 노나라를 징벌하고, 10년에는 제나라를 공격하였으며, 11년에도 제나라를 토벌하였으나, 월나라에 대해서는 손도 대지 않았다. 뿐만 아니라, 월의 왕 구천이 문안차 찾아와 뇌물을 바치자 크게 기뻐하였다.

오자서는 오나라의 멸망을 겁내며 다시 충고하였다.

"제나라의 거친 땅을 탐내지 말고 월나라를 치는 것이 급선무입니다."

그러나 왕은 오히려 오자서를 제나라에 사신으로 파견하였다.

오자서는 아들에게 말하였다.

"오나라는 이제 끝장이 났다. 너는 오나라와 같이 망할 필요는 없다."

오자서는 아들을 제나라 대신에게 맡기고 귀국하여 왕에게 보고를 끝냈다. 그러자 총리대신인 백비는 오자서를 중상하였다.

"아들을 제나라에 맡긴 걸 보니, 오자서가 모반하려는 듯합니다."

왕은 그 말을 듣고 크게 노하여 오자서에게 명검을 내렸다. 그 검으로 자살을 하라는 뜻이었다.

오자서는 죽음에 앞서 말하였다.

"내 눈을 빼어 동문 위에 걸어다오. 오나라가 망하는 것을 봐야겠다."

오자서가 죽은 뒤, 왕은 제나라를 공격했지만 크게 패하고 말았다.

부차 14년, 오나라 왕이 잠시 나라를 비운 사이, 월의 왕 구천이 오나라를 공격하여 태자인 우(友)를 사로잡아 버렸다. 오의 왕은 급히 귀국했으나, 나라가 피폐해 여력이 없었다. 그래서 뇌물을 보내고 화친을 맺었다.

월나라는 계속 강해져 21년에는 드디어 오의 수도를 포위했고, 23년에는 마침내 오나라를 멸망시키고 말았다.

"오직 오자서의 말을 듣지 않은 것을 후회할 뿐이다. 아, 오자서는 이미 죽어 다시는 살아나지 못하지만, 그래도 오자서를 대할 면목이 없다."

부차는 드디어 스스로 목숨을 끊고 말았다.

제1장 시계편(始計篇)

세운 계책을
유리하게 활용해야 한다

세운 계책이 유리함을 헤아려 장수가 이를 잘 활용하면, 곧 형세를 유리하게 만들어 이로써 그 밖의 것을 도울 수 있다. 형세라는 것은 실리(實利)로써 실권을 만드는 것이다.

計利以聽 乃爲之勢 以佐其外 勢者 因利而制權也
계 리 이 청 내 위 지 세 이 좌 기 외 세 자 인 리 이 제 권 야

이익과 해로움을 따져 이익을 추구해야 한다. 어떤 상황이 닥치더라도 침착하게 대응할 수 있는 태세를 갖추고 있어야 한다. 그렇게 되면 전혀 다른 예측하지 못한 상황을 만나더라도 즉각 대응할 수 있고, 또 적절한 방향으로 응용할 수 있다. 하나의 커다란 태세, 즉 사물의 진수를 알게 된다면 응용 변화하는 형세에 부딪쳐도 자유롭게 처리할 수가 있다.

송나라 문공 16년 9월, 초나라 장왕이 송나라를 포위하였다. 초나라의 장군 자반은 성 밖에 누각을 쌓고 싸움을 지휘하였다. 이듬해 여름 5월이 되어도 송의 군은 항복하려고 하지 않았다. 애를 태우던 장왕은 포위를 풀고 퇴각하려고 하니, 초의 대신인 신숙시가 진언하였다.

"송나라가 항복하지 않는 것은 우리 군이 오래 있지 않을 것으로 생각하고 있기 때문입니다. 만약 아군에게 집을 짓게 하고 농사를 시켜 언제까지

있겠다는 기색을 보이면 송나라는 겁을 내고 항복할 것입니다."

장왕은 곧 그 계략을 받아들여 성 밖의 민가를 부수고 대와 나무를 잘라 집을 짓는 모습을 보임과 동시에 병사 10명을 반으로 나누어 5명은 성을 치게 하고, 5명은 밭을 갈게 하였다.

송나라는 그 광경을 보고 겁을 먹어 밤에 화원(華元)을 시켜 초의 군대 속으로 잠입시켰다. 화원은 자반의 침실로 잠입하여 슬며시 자반을 깨웠다. 자반이 눈을 떴을 때는 이미 화원의 단검이 목을 겨누고 있었다.

"명에 의하여 일부러 밤중에 화친을 청하러 왔다. 들어주면 다행이고, 들어주지 않으면 장군의 목숨은 나와 함께 오늘 밤에 없어질 것이다."

자반이 당황하여 그 조건을 묻자, 화원은 말하였다.

"우리나라는 지금 어린애를 잡아먹고 송장의 뼈를 잘라서 삶고 있는 형편이다. 그러나 온 나라 사람들이 다 죽더라도 적을 받아들일 수 없다. 부디 귀군은 30리 밖으로 후퇴하라. 그러면 말을 듣겠다."

자반은 청을 수락하고 화원과 굳게 약속할 수밖에 없었다. 화원은 곧 돌아와 송문공에게 보고했고, 자반도 날이 새자 장왕에게 어젯밤 일을 보고하고 후퇴하기를 청하였다. 장왕은 즉시 군을 30리 밖으로 퇴각시켰다.

제1장 시계편(始計篇)

탁월한 병법은
속이는 방도에 달려 있다

병법은 일종의 속임수이다. 그러므로 능하게 할 수 있으나 능하지 못한 척하고, 쓰고 있으면서도 쓰지 않은 것처럼 보이게 한다. 가까우나 멀게 느끼게 하고, 멀지만 가깝게 느끼게 한다.

兵者 詭道也 故能而示之不能 用而示之不用 近而視之遠 遠而示之近
병자 궤도야 고능이시지불능 용이시지불용 근이시지원 원이시지근

단순히 글자 그대로 해석하여 적의 뒤통수를 친다거나 야습, 기습을 병법의 상도(常道)라고 본다면 잘못이다. 따라서 전쟁이나 사업에 있어서 정석 그대로 외곬으로 진행되는 경우란 거의 없고 다양한 형태로 나타나는 수가 많다는 뜻을 담고 있다. 그러므로 그런 상대나 경우를 만났을 때 정석과 같지 않다고 따지고, 약속이 틀리다고 항의를 해도 받아들여지지 않는다. 만약의 경우, 뒤의 뒤까지 생각해서 그와 같은 역수전법(逆手戰法)을 당하더라도 바로 대응할 만한 재량을 가지고 있어야 할 것이다.

한신이 장이와 군사 수만 명을 이끌고 동으로 진격하여, 조나라를 공격한다는 말을 듣고 조나라의 왕인 성안군 진여는 20만 대군을 집결시켰다. 그러자 광무군 이좌거가 성안군을 설득하러 갔다.

"한나라 장군 한신은 지금 조나라를 공격해 오고 있습니다. 그들은 무적

의 기세를 보이고 있지만, 천 리나 되는 먼 곳에서 양식을 수송하므로 병사들은 군량이 부족해 배불리 먹지 못합니다. 그런데다 길이 험해 수레가 열을 짓지 못하니 군량미의 수송도 어렵습니다. 기습부대 3만 명만 주신다면 적의 수송을 끊겠사오니, 성안군께서는 방어만 굳게 하고 교전하지 마십시오. 그러면 적은 전진해도 불리하고 후퇴도 못하는 상황이 될 것입니다. 그때 기습부대가 퇴로를 끊으면 며칠 안에 적장의 목을 베어 올 수 있습니다. 부디 저의 계략에 유의해 주십시오. 그렇지 않으면 두 장군에게 포로가 되고 말 것입니다."

성안군은 유학자였다. 결코 악한 지략은 사용하려고 하지 않았다.

"병법에 적의 10배면 이를 포위하고, 2배면 싸우라는 말이 있다. 지금 한신의 군이 수만 명이라고 하지만 실제는 수천 명에 지나지 않는다. 거기다 먼 길을 행군해 온 병사들은 완전히 지쳤을 것이다. 지친 적까지도 피한다면, 이후 제후들은 나를 겁쟁이로 취급하여 호시탐탐 공격해 올 것이다."

성안군은 광무군의 계책을 받아들이지 않았다. 얼마 후 한신의 부대가 공격하자 조의 군사는 성에서 나와 싸우다가 과연 크게 패하고 성안군은 전사하였다. 성안군의 신념은 존경할 가치가 있지만 진정 정의를 지키려고 한다면 지혜로운 계교를 활용해 반드시 그 전쟁에서 이겨야 한다. 성안군의 정정당당한 전투 정신 위에 전쟁을 승리로 이끄는 계략과 투철한 판단이 더해졌으면 좋았을 것이다.

제1장 시계편(始計篇)

적이 강하면 피하고, 적을 교만하게 만들라

적에게 이익을 줄 듯이 하여 유인하고, 혼란스럽게 하여 공격한다. 적이 충실하면 대비를 잘하고 막강하면 피하며, 성나게 하여 그르치게 하고, 자신을 낮추어 적을 교만하게 만든다. 적이 쉬려고 하면 수고롭게 하고 친하면 이간시킨다.

利而誘之 亂而取之 實而備之 强而避之 怒而撓之 卑而驕之 佚而勞之
이 이 유 지　난 이 취 지　실 이 비 지　강 이 피 지　노 이 요 지　비 이 교 지　일 이 노 지
親而離之
친 이 리 지

● ● ● ● ● ●

큰 이익을 얻기 위해서는 어느 정도의 이익을 나누어 상대에게 주어야 한다. 이를 잘못 사용한 결과가 오늘날의 뇌물로 나타나고 있다. 또 상대방의 약점을 노리고 배후에서 교란의 손을 뻗쳐 상대방의 상태를 혼란시켜 놓은 다음에 기회를 틈타 공략하는 교란전술을 써야 한다. 상대를 혼란시키는 방법에는 약한 곳을 맹공격하여 무력화시킨다거나, 적이 대비하지 않은 곳을 기습공격하여, 그곳으로 상대가 신경을 쏟을 때 또 다른 부분에 공격을 가한다. 당황한 적을 계속 당황스럽게 만들어야 한다. 재정비하여 응전태세를 갖추기 전에 또다시 전혀 짐작할 수 없는 새로운 곳에 공격을 퍼붓는다.

적진에 혼란을 야기시키기 위해서이므로, 공격은 적이 정신을 못 차리도록 계속 이어져야 한다. 적군의 사기가 하늘을 찌를 때에는 일단 맞서서 대적하는 것을 중지하고, 한 걸음 물러나 호흡을 가다듬고 형세를 주시해야 한다. 상대의 우세가 드러나면 접전을 피하고 기회를 엿보는 것이 지혜이다.

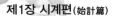

적군의 허를 찌르라

대비가 없는 곳을 공격하고, 뜻하지 않았던 곳을 공격한다.

攻其無備 出其不意
공 기 무 비 출 기 불 의

적진의 동정을 낱낱이 알 수 있을 때 할 수 있는 기습공격이다. 상대가 방심을 하여 군세가 해이해져 있을 때, 그 틈을 노려 재빨리 공격해 들어간다. 설마하고 마음놓고 있을 때 허를 찌르는 것이다. 아군의 동정만큼 상대를 알 수 있을 때 사용할 수 있는 전술이다.

집중하여 관찰하면 아무리 완벽한 진을 구축했다 하더라도 작은 틈을 발견할 수 있다. 아군에게도 빈틈이 있을 수 있기 때문에 상대방의 빈틈을 노리는 그 방식 그대로 철저하게 틈이 없도록 노력하는 것도 중요하다. 상대방의 약점은 내게도 있다는 것을 알아서 대비해야 한다.

조조와 주유의 맞대결에서 승패를 가름한 것은 황개(黃蓋)의 전략이었다. 황개는 주유와 사이가 나쁜 것처럼 거짓으로 소문을 퍼뜨리고는 조조에게 몰래 밀서를 보내 귀순할 의사를 전하여 조조의 경계심을 풀게 만들었다.

그다음, 배를 접근시켜 화공(火攻)을 가했다. 이로 인해 조조의 군사는 큰 혼란에 빠졌고 조조는 겨우 목숨만 건져 도망갔다.

여기서 황개가 조조를 감쪽같이 속이기 위해 자기 몸에 상처를 낸 책략이 바로 '고육계'이다.

이와 같은 책략은 옛날부터 전쟁 중에 사용된 적이 많았다. 그중에는 사랑하는 아내와 총애하는 신하를 희생시킨 예도 가끔 있을 만큼 승부에 대한 집념이 대단했다.

승리의 비결은
말로 전수하기 어렵다

이것이 전쟁에 능한 자의 이기는 방법이며, 미리 전해 주기는 어렵다.

此 兵家之勝 不可先傳也
차 병가지승 불가선전야

위의 12가지 전법은 적에게 승리를 얻을 수 있는 방법이다. 그러나 전투는 유동적이어서 상대에 따라 적절하게 대응해야 한다. 상황을 타개할 묘책은 즉각적으로 결정해야 한다. 그래서 많은 경험과 깊은 지식, 병법가의 조언 등을 귀담아들어야 하는 것이다. 기본이 되는 오사칠계(五事七計)의 전술을 지키면서, 그때그때의 상황을 파악하고 재빠른 방어와 공격의 변화를 주어야 한다.

송나라 조위는 어느 날 전장에서 전쟁에 겁을 먹은 아군 병사들이 목숨을 부지하기 위해 적군 쪽으로 도망쳤다는 보고를 받았다.

그러나 그는 조금도 동요의 빛을 보이지 않고 오히려 빙긋이 웃으며 이렇게 말했다.

"걱정 말게. 그들은 모두 내가 지시한 대로 행동한 것뿐일세."

이 이야기를 전해 들은 적군은 도망쳐 온 병사들을 의심하여 모조리 목을 베었다고 한다. 이것이 '소리장도(笑裏藏刀)'의 한 예이다. 웃는 마음속에 칼이 있다는 뜻으로, 겉으로는 웃고 있으나 마음속에는 해칠 마음을 품고 있음을 이른다.

'아, 정말 무서운 사람이구나! 도망칠 생각을 말아야겠다.'

이 일을 본 병사들은 도망칠 생각을 버리고 목숨을 걸고 싸우게 되었다.

승자와 패자의 갈림길

무릇 싸우기 전에 작전 회의에서 미리 비교 검토해 보아서 우세한 자는 승산이 많고, 싸우기 전에 작전 회의에서 비교 검토해 보아서 지는 자는 승산이 적다. 승산이 많으면 이기고, 승산이 적으면 진다. 하물며 승산이 없으면 어떻겠는가? 병법가는 이것으로써 살펴서 승부를 예견할 수 있다.

夫 未戰而廟算勝者 得算多也 未戰而廟算不勝者 得算少也
부 미 전 이 묘 산 승 자 득 산 다 야 미 전 이 묘 산 불 승 자 득 산 소 야

多算勝 少算不勝 而況於無算乎 吾以此觀之 勝負見矣
다 산 승 소 산 불 승 이 황 어 무 산 호 오 이 차 관 지 승 부 견 의

크고 작은 전투를 시작하기 전에는 반드시 작전회의를 거치게 된다. 작전회의에서 상대보다 뒤지는 점이 여러 곳 드러난다면 확실한 승리를 장담하기가 어렵다. 손자는 실전을 해보지 않더라도 드러난 정황만으로도 승패의 귀결을 알 수 있기 때문에 작전회의만으로도 단언할 수 있다는 것이다. 그러므로 지혜에 지혜를 더해 만전을 기하고 이길 승산이 있을 때 실전에 돌입해야 한다. 준비가 부실하면 실전에서 땅을 치며 후회하는 일이 생기게 될 것이다.

초나라의 항우는 초를 멸망시킨 진에게 복수를 펼치고 싶은 마음이 강했으며, 역사를 되돌려 진나라 통일 이전의 사회로 복귀할 것을 희망하고 있었다. 그는 공신들에게 전국을 나누어주었는데, 시대를 역행하는 그의 논공행상적인 영토 분배는 매우 무원칙한 것이어서 커다란 불만을 샀다. 제

후왕들의 불만은 각지의 반란으로 표출, 그를 위기에 몰아넣었다. 특히 척박한 땅을 받은 유방의 불만은 대단한 것이었고, 때마침 항우가 초의 의제를 살해하자 명분을 얻은 유방은 행동을 개시했다.

사실, 항우와 유방, 즉 초와 한 사이의 3년이 넘는 대결에서 항우군의 무공은 참으로 대단한 것이었다. 그러나 전쟁이 장기화할수록 보급전의 중요성은 더욱 커졌고, 후방기지의 건설에 실패한 항우는 점차 열세에 놓이게 되었다. 그는 자신의 힘만을 믿고 주위의 말에 귀를 기울이지 않아 많은 인재를 잃었다. 유방의 명장 한신도 항우의 휘하에 있었는데, 그를 얻은 유방은 위기를 극복, 항우군에 마지막 쐐기를 박기에 이르렀다.

마침내 해하에서 겹겹이 포위된 항우의 귓가에 사방으로부터 초나라의 노랫소리가 들려오고 있었다. 이것이 '사면초가'라는 고사의 유래이다. 4주 만에 포위망을 극적으로 탈출, 강 하나를 사이에 두고 고향 마을 앞에 선 그는 마침내 스스로 목숨을 끊고, 자신의 목은 한군에 투항한 고향 친구 여마동에게 주었다. 그의 나이 32세였다.

제2장

작전편
作戰篇

여기서는 군대의 운용법에 대해 말하고 있다. 전쟁을 하려면 천문학적인 막대한 비용이 들어간다. 이를 감당할 수 있어야만 전쟁을 시작할 수 있다. 전쟁을 오래 끌게 되면 인명 피해는 물론 국가의 재정상태도 급속히 나빠지게 된다. 결국 국민의 살림은 피폐해지고 국가는 멸망의 길로 들어서게 된다.

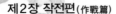
전쟁은 막대한 비용이 든다

손자가 말하였다. 무릇 군사를 쓰는 법은 치거(공격용 수레) 천 대와 혁거(가죽으로 만든 전차) 천 대, 갑옷 입은 병사 십만, 천리 길의 식량을 수송할 수 있어야 한다. 즉 안과 밖으로 소비되는 것과 국빈에게 사용되는 아교와 옻칠 등의 재료와 수레와 갑옷에 소요되는 비용이 하루에 천금의 비용이 들어간다. 그런 뒤에야 십만의 군사를 일으킬 수 있는 것이다.

孫子曰 凡用兵之法 馳車千駟 革車千乘 帶甲十萬 千里饋糧
손자왈 범용병지법 치거천사 혁거천승 대갑십만 천리궤량

則內外之費 賓客之用 膠漆之材 車甲之奉 日費千金
즉내외지비 빈객지용 교칠지재 거갑지봉 일비천금

然後 十萬之師擧矣
연후 십만지사거의

전쟁을 하려면 시작부터 끝까지 비용이 발생한다. 군대를 먹이고 움직이게 하려면 각종 비용이 필요하다. 시작해 놓고 끝을 맺지 못한다면 국가는 망하게 된다. 그러므로 준비를 철저히 하여 물자와 비용을 충분히 준비해 놓은 다음, 전쟁의 이익을 따져서 시작해야 한다. 전쟁 기한을 예측하고 전쟁을 수행한 이후의 국가 경제도 충분히 따져봐야 한다. 어렵게 얻은 승리도 값없이 긴 전쟁으로 멸망한 나라도 많이 있다. 당나라, 수나라 등 중국의 여러 나라를 봐도 알 수 있다.

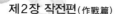

제2장 작전편(作戰篇)
전쟁은 오래 끌면 안 된다

전쟁에 있어서는 승리가 귀중하지만, 싸움이 오래 지속되면 병사가 둔해지고 사기가 꺾인다. 따라서 적진을 공략해도 공격력이 약화될 것이다. 또한 장기간 군대를 전선에 두게 되면 국가의 재정이 어렵게 된다.

其用戰也貴勝 久則鈍兵挫銳 攻城則力屈 久暴師 則國用不足
기 용 전 야 귀 승 구 즉 둔 병 좌 예 공 성 즉 력 굴 구 폭 사 즉 국 용 부 족

전쟁 외에는 그 어떤 방법도 없어서 부득이 전쟁을 시작했다면 가장 좋은 것은 속전속결이다. 빨리 끝내야 한다. 장기간 전쟁을 해야 한다면 군사의 피로와 병비의 소모로 인해 공격력이 둔해지기 때문이다. 성을 공격하는 공성전을 벌일 때는 특히 소모가 심하다는 것을 알아야 한다. 방어가 튼튼한 곳을 공략하다가는 이쪽의 기운을 모두 소모시키게 될 것이다. 그것이 머나먼 원정일 때는 군수물자를 지원하는 본국의 경제력까지도 큰 영향을 미치게 될 것이다. 군수물자를 제때에 지원할 수 없다면 전쟁은 승리할 수 없다.

• 51

제3의 세력에게 틈을 주지 말라

무릇 군대가 둔해지고 예기가 꺾이고, 군대의 힘이 소진되고, 국고가 바닥나면 제3국이 그 틈을 노려 침략하려 일어설 것이다. 이렇게 되면 아무리 지혜로운 자가 있다 할지라도 그 뒷일을 수습할 수 없게 될 것이다.

夫鈍兵挫銳 屈力殫貨 則諸侯乘其弊而起 雖有智者 不能善其後矣
부둔병좌예　굴력탄화　즉제후승기폐이기　수유지자　불능선기후의

지지부진한 전술로 전쟁이 빨리 끝나지 않으면 전쟁에 투입된 군대는 피로해진다. 처음에 의기충천하여 용맹무쌍했던 군의 사기도 줄고 전투력도 약해진다. 전쟁이 시작과 더불어 밑 빠진 독에 물 붓기 식으로 들어가는 경비로 인해 국가의 경제력도 추락하여 곤궁해진다. 장기적인 공방전에서는 승리를 해도 참다운 승리가 되지 못하는 경우가 많다. 힘이 떨어지면 대수롭지 않은 공격도 방어하지 못하는 어처구니없는 일이 생기게 된다. 힘이 떨어진 군대에게 남은 것은 패배뿐이다. 주위에서 퍼붓는 공격을 견디어내면서 다시 기세를 높이기는 극히 어렵다. 천신만고 끝에 큰 성을 함락시켰다고 해도 지킬 수 있는 힘이 없어서 내줘야 할 일이 생길 수도 있다.

이 시기야말로 가장 위태로운 때이다. 호시탐탐 기회를 엿보고 노리고 있던 제3의 세력인 제후들이 피폐한 틈을 타서 공격해 올 위험도 커진다. 이쯤 되면 아무리 지혜로운 자가 있다 하더라도 사태 수습이 쉽지 않을 것이다.

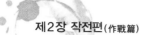

전쟁은 단기전일수록 유리하다

그러므로 다소 미흡해도 속전속결해야 한다는 말은 들었어도, 교묘한 전술로 오래오래 끌어 승리한 예를 본 적이 없다.

故兵聞拙速 未睹巧之久也
고 병 문 졸 속 미 도 교 지 구 야

일단 전쟁을 시작했으면 질질 끌어서는 안 된다. 시간을 오래 끌면 모든 면에서 이로운 것이 없다. 말할 나위도 없이 이것은 사전의 충분한 조사와 준비, 실력의 충실을 전제로 하고 있다는 것을 잊어서는 안 된다. 이것을 쉽게 풀어서 말하면 빠를수록 유리하다는 말이 되나, 이 빠름이 무작정 밀고 들어가는 빠름이어서는 절대로 안 된다. 신중하게 검토를 한 뒤에 승산이 있다고 판단하여 시작한 싸움은 초지일관 밀고 나아가 장기전이 되지 않도록 하라는 것이다. 이는 장기전을 벌이면 승리를 얻었다 하더라도 그 뒤가 없다는 뜻이다. 다음 조항에서도 이것을 반복해서 설명하여 경계하고 있다.

진시황은 흉노족 일부를 북방으로 내몰면서 만리장성의 대역사를 이루었고, 한고조는 이들과의 싸움에서 하마터면 목숨까지 잃을 뻔했다. 한나라에서는 흉노족 왕인 선우에게 황족의 딸을 시집보내고 온갖 선물로 회유하면서 전전긍긍하고 있었다.

전제권력을 확립한 무제 때에 이르러 국가의 명운을 건 흉노와의 대전쟁이 단행되었다. 흉노와의 전쟁은 약 20여 년간 끈질기게 되풀이되었다. 한은 위청과 곽거병 등의 뛰어난 명장을 영웅으로 배출시키면서 흉노의 세력을 약화, 이들을 외몽고 지역으로 내쫓는 데 일단 성공했다. 그러나 흉노의 위협은 여전히 사라지지 않았다.

되풀이되는 대규모 살상전으로 한나라 쪽의 손실도 대단하였다. 인명피해는 말할 필요도 없고, 재정상의 타격도 매우 심각했다. 무제 때는 한나라가 국력을 가장 크게 떨쳤던 때이기도 하지만, 또한 쇠퇴기로 접어들기 시작한 시기이기도 했다. 무제 초기에 나라의 창고에는 곡식과 화폐가 넘쳐나서, 곡식이 썩어나가고 돈을 꿴 줄이 썩어 셈을 할 수가 없을 정도였으나, 말기에는 바닥난 재정을 타개하기 위해 신경제 정책을 수립해야 할 정도였다.

전쟁의 폐해를 알아야
이로운 점도 안다

무릇 싸움을 오래 끌면서도 나라에 이로웠던 경우는 본 일이 없다. 그러므로 전쟁의 폐해를 십분 알지 못하는 자는 곧 전쟁의 이점도 다 알 수가 없는 것이다.

夫兵久而國利者 未之有也 故不盡知用兵之害者
부 병 구 이 국 리 자　미 지 유 야　고 부 진 지 용 병 지 해 자

則不能盡知用兵之利也
즉 불 능 진 지 용 병 지 리 야

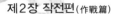 • • • • • •

무리한 장기전을 감행하면 안 된다. 어쨌든 전쟁은 이익을 얻기 위해서 하는 것이다. 아무런 소득도 없는 싸움을 병사들의 생명과 국운을 걸고 한다는 것은 어리석기 짝이 없는 것이다. 그러므로 충분한 이익이 남는지 어떤지를 미리 계산해 보아야 한다. 전쟁을 시작해 놓고 이쪽이 손해를 볼 것이라는 계산을 정밀하게 내지 못하는 자는 결과적으로 손에 넣을 수 있는 이익도 계산하지 못한다는 이치가 될 것이다.

'이 전쟁을 끝낸 후 우리에게 돌아올 이익이 무엇인가?'

치밀하게 따져보는 준비작업이 수행되어야 한다. 때로 개인이나 국가가 헛일도 할 수 있고 실수도 할 수 있지만 전쟁에 있어서는 실수가 용납되지 않음을 알아야 할 것이다.

군대를 여러 번 징집하지 말라

전쟁을 잘하는 자는 백성을 두 번 이상 징집하지 않고, 군량을 세 번씩 싣지 않는다. 전쟁 물자는 나라의 것을 쓰고 양식은 적의 것에 의지한다. 그러므로 군량미가 넉넉할 수 있다.

善用兵者 役不再籍 糧不三載 取用於國 因糧於敵 故軍食可足也
선용병자 역불재적 양불삼재 취용어국 인량어적 고군식가족야

아예 처음부터 충분하고도 철저한 예산 계획을 세워야 한다는 말이다. 군사를 잘 운용하는 자는 전쟁 도중에 같은 군사를 다시 징집하지 않는다. 다시 징집한다면 그것은 처음부터 전쟁 계획에 허술한 점이 있다는 것을 나타내는 것이다. 그러면 백성들의 신뢰를 잃게 될 것이다.

국외로 군대를 파병하였을 경우, 본국에서 바다를 건너고 먼 국경을 넘어 배편, 차편으로 3회 이상 양식을 수송하게 되어서는 안 된다. 병사들에게 지급할 병기와 탄약류 등 군수물품은 어쩔 수 없이 본국에서 수송해야 하지만, 양식은 적지에서 자급자족하는 태세가 되어 있어야 한다.

왜냐하면 대량의 보급은 자국민을 먹여야 할 식량을 소모시키는 결과가 되기 때문이다. 자국의 수요를 줄이는 식량 보급은 결코 충분한 것이 될 수 없다. 군의 식량이 풍부하지 않으면 병사들은 힘을 내기가 어렵다. 그런 점을 충분히 살펴 만반의 준비를 해두어야 한다.

군수물자를 멀리 수송하게 되면
백성이 곤궁해진다

국가가 전쟁으로 빈곤해지는 이유는 먼 곳까지 물자를 수송하기 때문이다. 먼 곳까지 물자를 실어 보내게 되면 백성들도 가난해진다.

國之貧於師者遠輸 遠輸則百姓貧
국 지 빈 어 사 자 원 수 　원 수 즉 백 성 빈

전장이 먼 곳에 파병한 원정군은 배불리 먹이기가 어렵다. 파병지가 멀면 군수물자의 수송이나 군량미의 수송이 큰 문제가 된다. 또한 아주 먼 원정군에게 병기와 양식을 수송하다 보면 본국의 국민 전부가 곤궁에 빠질 것이라는 말이다.

오나라 왕 유비는 40년간 나라를 다스렸다. 그런데 중앙정부인 전한(前漢)에서 오나라 국부의 원천인 소금과 구리의 산지를 헌납하라는 명령이 떨어졌다. 거기에 경제(景帝)에 대한 개인적인 원한이 겹쳐 난을 주도하게 되었다. 경제가 태자 시절, 중앙에 입조하러 갔던 그의 아들이 경제와 함께 바둑을 두던 중, 경제가 던진 바둑판에 맞아 절명했던 것이다.

"이런 상태가 계속된다면 우리 제후왕들은 점점 가난해져서 마침내 멸망하고 말 것이다. 앉아서 멸망을 기다리는 것보다는 일어나서 살길을 도

모하는 것이 낫지 않겠는가?"

유비의 호소에 응해 초, 조 등 중국 동남부의 6국이 가세, 간신 조조(晁錯, 전한의 정치가로, 삼국시대의 조조가 아니다.)를 토벌한다는 명분으로 난을 일으켰다. 이들은 흉노 등 외세와의 동맹도 꾀하고 있었으며, 초반의 전세를 장악, 한나라는 건국 50년 만에 커다란 위기에 봉착했다. 7국의 감정을 진정시키기 위해 조조가 참수되었으나 반군의 목적이 그것이었을 리 없었다.

그런데 경제의 친동생 양왕이 반란군의 식량 보급로를 차단하는 데 성공하자, 반격의 실마리가 마련되었다. 진압군 총사령관인 주아부는 성문을 굳게 닫고 반란군의 어떠한 공격에도 아랑곳하지 않았다. 메아리 없는 전쟁에 지치고, 보급로가 차단된 반란군은 점점 굶주림에 쓰러져갔다. 마침내 오왕은 살해되고, 다른 제후왕들도 모두 살해되니 반란은 불과 3개월 만에 평정되었다.

국가의 재력이 마르면
민심을 살펴야 한다

군대의 주둔지 근방은 물가가 폭등한다. 물가가 폭등하면 백성의 재산이 바닥난다. 재산
이 바닥나면 백성들은 부역의 부담에 다급해진다.

近於師者貴賣 貴賣則百姓財竭 財竭則急於丘役
근 어 사 자 귀 매 귀 매 즉 백 성 재 갈 재 갈 즉 급 어 구 역

⊛ • • • • • •

전쟁이 시작되면 전쟁과 직접적인 관련이 있는 물자의 가격은 수급관계
로 높아진다. 이 급등은 다시 전체 물가에 영향을 끼치므로, 직접 전쟁에 관
계가 없는 서민의 호주머니에도 영향이 미친다. 따라서 경제 사정이 나빠
지므로 자연히 세금도 뜻대로 부과되지 않아 무리한 징수를 하지 않을 수
없게 되는 것이다.

제1차 원정에서 뼈아픈 참패를 당한 수 양제는 다음해에도, 또 그 다음해
에도 고구려 원정을 감행했으나 번번이 실패했다. 수나라 백성들 사이에서
는 '요동에 가서 개죽음을 당하지 말자' 는 노래가 유행할 정도였다.

백성들은 더 이상 무모한 고구려 원정에 동원되어 헛되이 인생을 끝내기
를 원치 않았다. 민심이 떠난 것을 알아챈 지방의 호족들도 왕실을 외면하
기 시작했다. 제2차 고구려 원정에서 수군이 급거 철수하게 된 것은 보급

을 담당했던 양현감의 반란이 있었기 때문이었다.

각처의 반란으로 궁지에 몰린 양제는 강도(江都, 지금의 양주)에서 시국을 점치고 있던 중, 결국 자신의 친위대장 우문화급에게 살해당함으로써 50년 파란만장한 생을 마쳤다. 그때가 618년, 수나라가 건국된 지 불과 2대 37년 만이었다.

"주모자가 누구냐?"

죽음 직전, 양제의 호통에 들리는 대답은 이러했다.

"온 천하가 똑같이 원망하고 있습니다. 어찌 한 사람뿐이겠습니까?"

전쟁을 오래 끌면
국가 재정은 바닥난다

중원에서 힘이 다하고 재력이 다하면 안으로는 집이 비고, 백성들은 세금으로 10분의 7까지 빼앗기게 될 것이다. 국가의 재정도 어려워져, 수레는 파괴되고 말은 피로하여 갑옷과 투구, 화살과 활, 창과 방패, 세모창과 큰 방패, 큰 수레 등도 10분의 6이 소진되어 버릴 것이다.

力屈財殫中原 內虛於家 百姓之費
역 굴 재 탄 중 원 내 허 어 가 백 성 지 비

十去其七 公家之費 破軍罷馬 甲冑矢弩
십 거 기 칠 공 가 지 비 파 군 파 마 갑 주 시 노

戟楯蔽櫓 丘牛大車 十去其六
극 순 폐 노 구 우 대 거 십 거 기 륙

승패를 결정짓게 되는 중원은 큰 전쟁터이다. 멀고 먼 전쟁터로 보내는 보급이 여의치 않게 되면 백성의 힘도 기진맥진하여 재원이 궁핍해지고, 웬만한 집안은 텅 비게 된다. 군수물자와 잦은 부역으로 생업에 전념할 수 없는 백성들의 소득은 전쟁으로 인하여 70% 가까이 없어져 버린다. 한편 국가로서의 소모도 커서 중요한 전차는 파괴되고, 말도 지쳐서 병들며, 많은 군수물자들도 약 60% 정도가 쓸모없이 되어 버린다.

장기 원정전에 따르는 폐해를 말하고 있다. 큰 전쟁을 오래 끌게 되면 국가의 존망이 휘청할 정도로 정신적, 물질적으로 큰 어려움에 처하게 된다. 그 누구보다도 세금을 내야 하는 백성들의 생활이 가장 많이 곤궁해진다. 그야말로 허리띠를 졸라매고 아껴서 세금으로 내야 하는 경우가 생기기 때문이다. 일반 백성이 먼저 곤경에 빠진다는 사실을 암시하고 있다.

제2장 작전편(作戰篇)

적의 식량을 빼앗아 충당하라

그러므로 지략이 뛰어난 장군은 가능한 한 아군의 소모를 피하고 적국의 물자를 빼앗아 충당한다. 적에게서 탈취한 곡식 1종은 자국에서 멀리 수송해 온 20종에 해당하며, 적에게 탈취한 사료 1석은 자국에서 운반한 20석과 맞먹는 가치가 있다.

故智將務食於敵 食敵一鍾 當吾二十鍾 其秆一石 當吾二十石
고 지 장 무 식 어 적　식 적 일 종　당 오 이 십 종　기 간 일 석　당 오 이 십 석

· · · · · ·

능력 있는 장수는 자국에서 가져가는 군수물품을 최소화한다. 군량미는 가능한 한 적지에서 적군의 식량을 활용할 수 있도록 해야 한다. 한 달치 이상 자기가 먹을 식량을 짊어지고 행군을 해야 한다면 그 병사가 어찌 날렵하게 전쟁터에서 적군을 맞아 싸울 수 있겠는가.

적의 식량을 빼앗아 사용한다면 아군으로서는 두 배의 유익을 가져올 수 있다. 수송에 필요한 비용과 인력을 줄일 수 있기 때문이다. 병사들이 전쟁터로 출발할 때 짊어지고 가던 군량미가 너무 무거워 버리고 가는 병사가 늘어났다는 기록은 여기저기에서 볼 수 있다. 무기에다 식량까지 힘에 버겁게 많이 가져가는 것은 군대의 기동력을 약화시키게 마련이고, 병사들의 짐을 덜어주기 위해 수송 부대를 따로 구성한다면 그 부담 역시 클 수밖에 없다.

제2장 작전편(作戰篇)

불 같은 노여움이 없으면
적을 죽이지 못한다

그러므로 적을 죽이는 것은 분노 때문이다. 적의 물자를 빼앗아 이익을 얻으려는 것은 재물 때문이다. 그러므로 전차전을 할 때 적의 수레를 10대 이상 획득하면 먼저 획득한 자에게 상으로 주어야 한다.

故殺敵者 怒也 取敵之利者 貨也
고 살 적 자 노 야 취 적 지 리 자 화 야
故車戰 得車十乘已上 賞其先得者
고 거 전 득 거 십 승 이 상 상 기 선 득 자

⚜ ・・・・・・

후한 때의 사신 반초는 36명과 함께 사막을 지나 선선(타림분지 남동쪽에 있던 작은 고대 국가. 누란으로 불림)으로 갔다. 초라한 숙소에서 일행은 피로를 풀기 위해 술자리를 마련하였다. 누란의 예를 잃은 대우에 반초는 화가 나 일행들에게 말했다.

"나는 후한의 사신이다. 이와 같은 냉대가 어디 있단 말이냐!"

노여움은 점점 커져서 마침내 폭발하고 말았다.

"지금 우리는 멀고 먼 변경에 도착한 지 여러 날이 지났는데 누란의 왕은 예로 영접하려고 하지 않는다. 이것은 누란의 왕에게 적대적인 마음이 있기 때문이다. 우리들을 잡아 흉노에게라도 보내면 우리들의 해골은 이 변경에 버려져 오랫동안 짐승의 밥이 될 것이다."

반초가 이렇게 말하자 모두들 분노에 떨며 말하였다.

"위급이 코앞에 닥쳤으니 죽으나 사나 명령에 따르겠습니다."

이에 반초가 말하였다.

"야음을 틈타 불을 지른 후 공격한다. 적은 우리의 병력을 모르니 크게 당황할 것이다. 그렇게만 되면 섬멸할 수 있다."

세찬 바람이 부는 한밤중에 반초는 적의 군영으로 갔다. 10명에게 큰 북을 주고 뒤쪽에 매복시키며 말하였다.

"불길이 오르거든 곧 북을 울리고 큰 소리를 질러라!"

반초가 바람을 이용하여 불을 놓자, 불길이 타오름과 동시에 북이 울리고 함성이 일어났다. 적의 군대는 놀라서 우왕좌왕하다가 전부 타죽고 말았다. 이런 지략으로 반초는 누란을 정복하여 한나라에 복속시킬 수 있었다.

제2장 작전편(作戰篇)

적을 이김으로써 더욱 강해진다

그리고 적의 수레에 달려 있는 깃발을 아군의 것으로 바꾸어 달고 아군을 태워 우리 대열에 섞이게 한다. 또 포로는 우대하여 우리 편으로 만든다. 이렇게 하는 것이 적에게 이김으로써 더욱 강해지는 길이다.

而更其旌旗 車雜而乘之 卒善而養之
이 경 기 정 기　거 잡 이 승 지　졸 선 이 양 지

是謂勝敵而益强
시 위 승 적 이 익 강

• • • • • •

　혁혁한 전공을 세운 병사들에게는 박수와 격려를 아끼지 말아야 한다. 적에게서 빼앗는 것은 두 배의 이익이 된다. 왜냐하면 적에게 불리함을 주고 아군에게 유익을 주기 때문이다. 물자는 물론 사람의 경우에도 해당된다. 군량미나 적의 물자를 빼앗아 사용한다는 것은 당시의 관습인 듯하다. 적군을 당장 아군으로 편입시켜 싸우게 하는 작전은 다소 무리가 있어 보인다. 하나의 전략으로서 활용의 묘를 발휘하라는 의미인 듯하다. 또 중국의 경우, 5호 16국 등 많은 나라가 난립했을 때는 조국이라는 개념보다 자신의 이익에 따라 나라를 옮겨 다니는 용병이 있었다. 그럴 경우 유리한 점이 있다면 아군과 적군의 깃발을 바꾸어 달 수도 있었을 것이다. 오늘날에도 돈을 받고 전쟁터에 가는 용병들을 볼 수 있다.

전쟁은 승리하는 데 가치가 있다

그러므로 전쟁은 승리하는 데 가치가 있는 것이지, 오래 버티는 것은 의미가 없다. 전쟁의 본질을 제대로 인식하고 있는 장군만이 백성의 생명과 국가안위를 책임질 수 있다.

故兵貴勝 不貴久 故知兵之將 民之司命 國家安危之主也
고 병 귀 승 부 귀 구 고 지 병 지 장 민 지 사 령 국 가 안 위 지 주 야

때로 인생을 살다 보면 목적보다 중요한 과정이 있다는 것을 알게 된다. 성공보다는 노력하는 과정이 귀하고, 열심히 이루어가는 과정이 더 값진 경우가 있다.

그런데 전쟁에 있어서만은 그 말은 타당하지 않다. 전쟁을 수행하여 패전한다는 것은 엄청난 결과를 감내해야 하기 때문이다. 나라가 망해버린 비참한 국민들의 생존 문제, 백성들의 살림살이도 기약이 없이 피폐해져 회복이 불가능할 정도가 되어 버리기 때문이다. 모든 지략을 다 동원하여 전쟁은 승리로 이끌 계산이 나왔을 때 시작하며, 시작한 이상 온 힘을 기울여 승리해야 한다. 이 승리에 있어서 전쟁을 주도하는 장수는 백성의 생사나 국가의 안위를 한 손에 쥐고 있다고 할 수 있다.

모공편
謀攻篇

'모공'이란 기묘한 계략으로써 적을 굴복시킨다
는 뜻이다. 다시 말해서 외교전이다. 최선의 전쟁
기술은 희생 없이, 싸우지 않고 이기는 것이다.

제3장 모공편(謀攻篇)

죽이거나 파괴하지 않고
이기는 것이 상책이다

손자가 말하였다. 무릇 전쟁을 하는 법에서는 적국을 온전하게 유지하게 하는 것이 상책
이요, 파괴시키는 것은 그다음이다. 적군을 온전하게 포섭하는 것이 상책이요, 죽이고 상
하게 하는 것은 그다음이다. 여단을 온전하게 함이 상책이고, 깨뜨리는 것은 그다음이다.
병졸을 온전히 사로잡는 것이 상책이고, 죽이는 것은 그다음이다. 군대의 조직인 오를 온
전히 함이 상책이요, 깨뜨리는 것은 그다음이다.

孫子曰 凡用兵之法 全國爲上 破國次之 全軍爲上 破軍次之 全旅爲上
손 자 왈 범 용 병 지 법 전 국 위 상 파 국 차 지 전 군 위 상 파 군 차 지 전 려 위 상
破旅次之 全卒爲上 破卒次之 全伍爲上 破伍次之
파 려 차 지 전 졸 위 상 파 졸 차 지 전 오 위 상 파 오 차 지

🔮 • • • • • •

전쟁을 시작했을 때, 최선의 방책은 상대국을 멸망시키는 것이 아니라,
그대로 존속시켜서 이쪽의 지배하에 두는 것이다. 상대국을 완전히 멸망시
키는 것은 불가피할 경우에나 쓰는 차선의 방책이다.

이런 방법은 전쟁터에서도 해당된다. 되도록 적군의 목숨을 보존하여
군사들을 아군으로 돌아서게 하는 것이 최상책이다. 이를 격멸시킨다는 것
은 그 최상책이 도저히 이루어지지 않을 경우에 쓰는 수단이다. 가능하다
면 쌍방이 희생이나 손상을 입지 않고 지배자만 바뀌게 하는 것이 가장 좋
은 방책이다. 최고의 전투 방법은 싸우지 않고 전쟁을 일으킨 목적을 이루
는 것이다. 그것이 불가피할 경우, 차선책으로 상대를 무찌르는 전투를 시
작한다.

제갈공명은 공성계(空城計, 빈 성으로 적을 유인해 혼란에 빠뜨리는 전략)를 이용하여 사마중달의 대군을 퇴각시켰다.

그는 중달의 대군이 공격해 왔을 때 공명은 성문을 모두 열어 놓고 자신은 도사 차림으로 누각에 올라 한가롭게 거문고를 타면서 적군이 오기를 기다렸다.

이것을 본 중달은 당황하여 고민에 빠졌다.

'아니, 천하의 제갈공명이 아닌가! 저 꾀 많은 사람이 저렇게 한가로이 있다는 건 어딘가에 복병을 숨겨놓았을 것이 틀림없다!'

그는 이렇게 판단하고 서둘러 군사를 철수시켜 버렸다.

이렇게 일부러 무방비 상태인 양 보임으로써 적의 판단을 흐리게 하는 전략은 반대 심리를 이용한 것이다. 적에게 발각되면 돌이킬 수 없는, 그야말로 죽음을 무릅쓴 계책 중의 계책이다. 그렇기 때문에 상대도 얼떨결한 상태에서 경황이 없는 중에 그만 그 술책에 넘어가게 된다.

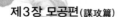

제3장 모공편(謀攻篇)

백전백승보다
싸우지 않고 이기는 것이 최상이다

그러므로 백전백승은 최상의 방법이 아니다. 싸우지 않고 적의 군대를 굴복시키는 것이
최상이다.

是故百戰百勝 非善之善者也 不戰而屈人之兵 善之善者也
시 고 백 전 백 승 비 선 지 선 자 야 부 전 이 굴 인 지 병 선 지 선 자 야

백전백승이란 기가 막힌 승리이고 쾌거이지만 최상의 승리방법은 아니
다. 단 한 명의 인명피해도 없이, 단 한 방의 대포도 쏘지 않고 상대를 굴복
시키는 방법이 훨씬 더 뛰어난 승리인 것이다.

이겼다 하고 기뻐하는 것은 실로 진정한 승리라고 볼 수 없다. 군대를 교
전시키지 않고 상대방을 자기편으로 만드는 것이 진정한 승리라고 강조하
는 말이다. 상대를 진정으로 자기편으로 만들어 버리는 것은 국부적인 것
이 아니라 전체의 밑바닥에 있는 진수이며, 국부적인 부분에 대해서도 모
방이 아니라, 그 진가에 의하여 오는 것을 잡아서 활용하는 것이라야 한다.

오나라의 왕 부차는 북쪽 정벌 이후 진나라의 정공과 황지에서 회합을
가졌다. 주 왕실을 받들고 중국의 패자로서 호령하기 위해서였다. 그런데
그 틈을 타서 월의 왕 구천이 오나라를 공격하였다. 군사 5천 명이 오나라

를 침입하더니, 드디어 오의 태자를 포로로 삼기에 이르렀다. 패전의 보고가 부차에게 이르자 누설을 겁낸 부차는 사자를 막하에서 목을 베었다.

그러나 오(吳)는 형의 가계이므로 오가 장이 되어야 한다는 주장과 오가 자작인 데 비해 진(晉)은 백작이므로 마땅히 진이 장이 되어야 한다고 하는 시비가 끝없이 계속되어 결론이 날 것 같지 않았다. 사태를 우려한 오의 왕 부차는 대신들을 모아 놓고 의논하였다.

"사태가 이러한데 회합을 중단하고 귀국하는 것과 회합을 속행하여 진을 앞지르는 것 중 어느 편이 좋을까?"

그러자 왕손락이 말하였다.

"절대로 회합을 속행하여 진을 앞질러야 합니다."

"어떻게 하면 앞지를 수가 있겠는가?"

"오늘 밤 싸움을 걸어서 민심을 넓힌다면 앞지를 수 있을 것입니다."

그래서 오의 왕 부차는 무장군사 3만 명을 인솔하고 진의 군으로부터 1 리쯤 떨어진 지점으로 가서 천지가 울릴 정도로 함성을 올렸다. 진의 군에서는 무슨 일인가 싶어서 동갈에게 밖의 정세를 살피게 하였다. 그러자 오의 왕 부차가 스스로 나와 동갈에게 말하였다.

"내가 주군을 모시는 것도 오늘에 있고, 주군을 모시지 않는 것도 오늘에 있다."

이 말에 놀란 동갈은 급히 진 안으로 들어가서 보고하였다.

"오의 왕의 안색을 살피니 크게 결심한 바가 있는 듯합니다. 독살을 꾀하고 있는 것 같습니다. 진정으로 상대를 해서는 안 됩니다."

진나라 정공은 맹세의 피를 먼저 마시는 것을 오나라에 허락하니, 왕 부차는 그날 중으로, 무사히 회맹을 끝내고 귀국할 수가 있었다. 대개 빨리 물러가고 싶을 때는 대언장담으로 상대를 위협하는 전술도 있다.

제3장 모공편(謀攻篇)

최상의 전법은
적의 계략을 분쇄하는 일이다

그러므로 최상의 병법은 적의 계략을 분쇄하는 일이고, 그다음은 외교관계를 파괴하는 일
이며, 그다음은 군사를 정벌하는 일이요, 마지막 방법이 군사로 성을 공격하는 일이다.

故伐謀 其次伐交 其次伐兵 其下攻城
고 벌 모   기 차 벌 교   기 차 벌 병   기 하 공 성

⸙ • • • • • •

따라서 최상의 전술은 적의 계략을 간파하고 그것을 쳐부수는 것이다.
그 다음에는 상대를 고립시키기 위하여 적의 친교국으로 하여금 관계를 끊
도록 이간책을 쓰는 것이다. 그리고 비로소 적의 군대를 치는 공략전으로
돌입하는 것이 순서가 되는 것이다.

싸우되 손에 피를 묻히지 않으려면, 상대의 전략을 탐지하는 것이 첫째
이다. 적의 속까지 꿰뚫어 보아야 한다. 소극적인 전법 같으나, 이것이 최상
의 적극적인 전법인 것이다.

다시 말하면 기선을 제압하는 것이다. 상대의 배후세력을 앞질러서 꽉
눌러 버리는 일이 중요하다.

다음에는 원조하는 힘의 근원을 끊어 버린다. 상대가 완전히 고립무원의
상태에 빠진다는 것은 곧 전투력을 상실하는 큰 타격이 될 것이다. 경제적,
물질적인 원조도 그렇지만, 심리적인 고립감이나 불안감 등은 실로 큰 작

용을 할 것이다.

그 후의 제3단계가 비로소 군대를 동원하여 공격하는 것이다. 군대를 동원할 때까지는 2단계의 목적이 충분히 달성되어 이젠 무슨 일이 있어도 좋다는 각오가 서야 한다. 그만큼의 노력을 한 뒤가 아니면 쉽게 군대를 움직여서는 안 된다.

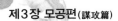

부득이할 때만 성을 공격하라

성을 공격하는 것은 부득이할 때만 해야 한다. 전쟁 무기인 큰 방패와 공격용 전차를 수리하고 갖가지 기구를 마련하는 데는 3개월 이상이 소요된다. 적의 성 안을 들여다보기 위해 높이 흙산을 쌓은 데에 걸리는 시간만 해도 또 3개월은 소요된다.

攻城之法 爲不得已 修櫓轒轀 具器械 三月而後成
공 성 지 법 위 부 득 이 수 노 분 온 구 기 계 삼 월 이 후 성

距闉 又三月而後已
거 인 우 삼 월 이 후 이

성이란 수비 태세가 완벽하다고 보아야 한다. 공성(攻城)이란 공격으로서는 가장 불리한 조건이다. 다른 방법이 없을 때 성을 공격해야 한다. 성을 공격하려면 만전의 태세와 특수한 도구를 준비해야 하며, 그것을 준비하는 데만도 몇 달의 시간, 그리고 막대한 비용이 발생한다. 특히 준비하는 데 걸리는 시간은 군사를 오랫동안 전쟁터에 머무르게 해서는 안 된다는 원칙에 위배되는 점이다. 싸워서 지치기 전에 공격 준비로 전의를 상실하는 경우도 생긴다. 엄청난 인명의 희생이 따르는 만큼 불리한 전법이다.

당태종은 고구려 연개소문의 쿠데타를 문책한다는 이유로 직접 군사를 이끌고 고구려 원정에 나섰다.

그러나 그의 꿈은 고구려 서북방의 요충지인 안시성에서 좌절되었다. 안시성의 군민들은 굳게 단결하여 고구려의 후원군이 끊기고 당군에게 포위

된 상태에서 1년 여의 공방전을 버티어냈다.

　때마침 겨울이 닥쳐 병사들은 추위와 굶주림에 떨고, 태종은 어쩔 수 없이 철군명령을 내려야 했다.

　이것이 유명한 안시성의 전투이고 당시 안시성의 싸움을 이끈 성주는 양만춘이었다. 그는 국내에서는 연개소문의 독재를 반대했던 인물이었다.

　철수하던 당태종은 격심한 악천후를 만나 전쟁 이상의 피해를 보았다. 그는 이후에도 다시 원정군을 파견했으나 번번이 실패했다.

성을 공격할 때
공격의 재앙을 생각하라

장수가 분을 이기지 못하고 공격에만 급급하여 군사들을 개미 떼처럼 성벽에 기어오르게 하여, 3분의 1의 군사를 죽게 하고서도 그 성을 함락시키지 못한다면 이것이 공격의 재앙 이다.

將不勝其忿 而蟻附之 殺士三分之一 而城不拔者 此攻之災也
장 부 승 기 분   이 의 부 지   살 사 삼 분 지 일   이 성 부 발 자   차 공 지 재 야

• • • • • •

높은 성벽은 좋은 방어 무기가 된다. 이미 철저한 방비태세가 되어 있는 상대에게 싸움을 건다는 것은 큰 부담이 아닐 수 없다. 성을 공격할 때는 싸움이 장기화되지 않도록 전술을 짜야 한다. 손자 시대에는 그야말로 일각의 방심도 불허하는 배후의 여러 세력이 득실거리고 있으므로 이 점이 강조되고 있다는 것을 참고삼을 필요가 있다.

위나라에서 제갈량이 북벌전을 펼쳤을 때, 맨 앞에서 활약한 명장은 사마의였다. 그는 끝까지 촉나라의 공격에 응수하지 않고 성을 굳게 지켜 지구전으로 나아감으로써, 물자가 부족한 촉나라가 자멸하게 만들었다.

그는 사마씨 정권의 기초를 마련했으며, 그의 손자 사마염은 마침내 진(晉)나라를 수립하였고, 280년에는 오나라를 멸망시키고 잠시나마 전국을 통일하는 위업을 이루었다.

최상의 용병술은 계략으로 공격하는 것이다

그러므로 최상의 용병술을 구사하는 사람은 적을 격파하되 맞붙어 싸우지는 않는다. 적의 성을 함락시키지만 구태여 공격을 일삼지 않는다. 적국을 허물어뜨리되 장기전은 하지 않는다. 반드시 자기 나라의 군사를 온전케 한 채로 천하를 다툰다. 그럼으로써 군대에 손실이 없으면서 이익은 완전하게 얻을 수 있다. 이것이 계략으로 공격하는 방법이다.

故善用兵者 屈人之兵而非戰也 拔人之城而非攻也 破人之國而非久也
고 선 용 병 자　굴 인 지 병 이 비 전 야　발 인 지 성 이 비 공 야　파 인 지 국 이 비 구 야

必以全爭於天下 故兵不頓 而利可全 此謀攻之法也
필 이 전 쟁 어 천 하　고 병 부 돈　이 리 가 전　차 모 공 지 법 야

전쟁에 능한 자는 상대의 전력을 격파시키지만 실전은 하지 않는다. 부득이 공성전의 필요가 생겨도 정면에서 수법대로의 공성전은 하지 않는다. 상대국을 공격할 때도 장기전으로 끌지 않는다. 필연적으로 서로 손상을 입지 않도록 천하를 다투는 것이다. 이것이야말로 진정한 지능전이라 할 수가 있다.

싸움이란 요컨대 지능전이 최고이다. 싸우려는 기세를 보이면서도 싸우지 않고, 공격하려는 기세를 보이면서도 공격하지 않는다. 이것이야말로 고등전술 중의 고등전술이다.

제갈공명은 형주의 유포에게 의탁하고 있던 유비에게 가슴 속에 품고 있던 대책, 이른바 천하 삼분의 계략을 말했다. 그는 유비가 천하의 요새이자 양자강 중류의 요충지인 형주와 기름진 평야지대인 익주를 장악하여 터전

으로 삼아야 하며, 이를 위해서는 일단 동쪽의 손권과 연합하여 북방의 조조에 대항해야 한다고 주장했다.

마침내 208년 천하통일의 꿈을 안은 조조의 백만 대군이 형주를 향해 남하했다. 공명은 조조의 위력 앞에 망설이는 손권을 찾아가, 뛰어난 정세분석으로 그를 설득하여 연합에 성공했다. 실제로 조조의 북방군은 대군이지만 투지가 없는 정복민이 많은데다, 남방의 풍토병이 그들을 괴롭히고 있었다. 손권은 주유의 지휘하에 3만의 군대를 내었고, 양자강을 사이에 두고 양군은 대치하게 되었다.

주유의 부장 황개는 조조군에 위압당한 것처럼 거짓 항복의 깃발을 꽂고 조조의 진영에 나아갔다. 그를 따르는 10척의 배에는 마른 섶과 갈대가 가득 실려 있었다.

이를 까맣게 모르는 조조의 군사가 환성을 지르는 순간, 조조의 진영에 가까이 접근한 황개는 재빨리 신호를 올렸다. 때마침 세찬 동남풍이 불어대자 불붙은 선단은 조조의 함대에 돌입, 조조의 대선단을 모두 불태워버렸다. 온천지가 불에 뒤덮이고 조조는 군대를 모두 잃고 겨우 목숨만을 보전한 채 도망쳤다. 이것이 유명한 '적벽대전'이다.

제3장 모공편(謀攻篇)

상황을 잘 판단하여
전술을 펼치라

그러므로 병력을 사용하는 방법은 아군이 적군의 10배가 되면 그들을 포위하고, 아군이 5배가 되면 공격해도 좋다. 아군이 적군의 2배가 되면 적군을 분산시켜 공격한다. 서로 맞먹는 병력일 때는 전력을 다하여 싸우고, 만일 아군의 병력이 부족하여 지킬 수가 없으면 험한 지형으로 피해야 한다. 그러므로 소수의 병력으로는 아무리 굳게 버텨도 결국은 강한 적군의 포로가 되고 말 것이다.

故用兵之法 十則圍之 五則攻之 倍則分之 敵則能戰之 少則能逃之
고 용 병 지 법 십 즉 위 지 오 즉 공 지 배 즉 분 지 적 즉 능 전 지 소 즉 능 도 지

不若則能避之 故小敵之堅 大敵之擒也
불 약 즉 능 피 지 고 소 적 지 견 대 적 지 금 야

• • • • • •

　무엇보다도 적국의 병력을 정확히 파악해야 한다. 적군과 이쪽 병력의 차이를 싸울 때마다 자세하게 검토하고 비교해 보아 그 균형에 따라 쓰는 전법도 각각 달라진다는 것을 설명하고 있다. 포위 섬멸전은 10배 이상의 병력이 있어야 비로소 가능한 것이고, 정공법으로 승리하려면 5배의 병력일 때라야 한다는 것은 상당히 이치에 맞는 방법이라고 생각된다. 서로가 대등한 힘일 때는 보통 공격방법으로는 확실한 승리를 기대하기 어렵다. 단순하게 생각하면 상대편보다 다소라도 강하면 그것으로 승리할 것이라고 속단하기 쉬운데, 결코 그렇지가 않다. 적의 2배 세력이 있어도 1대 2가 되는 것이 아니다. 상대의 주력 방향을 이분시키고 1대 2의 관계를 두 개 합쳐서 2대 4의 형태로 하지 않으면 안 된다.

　이쪽 병력이 급속히 적어졌을 경우에는 신속하게 후퇴하여 피해를 최소

화해야 한다. 오직 퇴각해야 한다. 승산이 없을 때는 적의 눈에 띄지 않도록 하는 것이 최선을 다하는 셈이 된다. 서투르게 결속을 굳게 하여 방루에서 버티거나 하면 적국의 포로가 될 뿐이다.

그 유명한 적벽대전에서 조조군의 참패에 치명적이었던 것은 모든 배가 서로 연결되어 도망할 겨를도 없이 몽땅 소실되었다는 것이다. 수전에 익숙치 못했던 조조는 군사의 도망을 막고 뱃멀미를 줄이기 위해 전선을 모두 쇠고리로 연결하여 한 덩어리로 만들어놓았기 때문에 돌이킬 수 없는 패전을 해야 했던 것이다.

무릇 장수는 나라의 보루이다

무릇 장수는 나라의 보루이다. 보에 빈틈이 없이 완전하면 나라는 반드시 강대해지고, 빈틈이 있으면 나라는 반드시 약화될 것이다.

夫將者 國之輔也 輔周則國必强 輔隙則國必弱
부 장 자 국 지 보 야 보 주 즉 국 필 강 보 극 즉 국 필 약

. . . . . .

보(輔)란 차바퀴의 양쪽 차축을 버티는 덧방나무이다. 여기서는 나라를 차체(車體)로 비유하여 군주를 차축, 군(軍)을 차륜, 장수를 보로 비유하고 있다. 장(將)이란 나라로 보면 차의 덧방나무와 같은 것이어서 덧방나무가 완전하여 차축에 적합하면 반드시 나라는 강할 것이다. 이 말은 지휘관과 군주 사이의 호흡이 일치되어 있으면 군인 차륜이 원활하게 잘 돌아가게 될 것이라는 뜻이다. 또 보와 차축 사이에 틈이 생겨서 맞물림이 덜컹거리면 그 차, 곧 나라는 반드시 약하다. 병력의 차륜이 원활하게 회전하지 않기 때문이다.

220년 조조가 66세의 파란만장한 생을 마감하자, 그의 아들 조비는 헌제를 압박하여 선양의 형식으로 새 왕조 위나라를 수립했다. 이후 유비가 한(漢, 촉한)을, 손권이 오나라를 세우게 되자, 중국의 천하는 명실공히 삼국

시대에 돌입하게 되었다.

그러나 삼국의 국력을 비교하자면 단연 위나라가 압도적으로 우월했으며, 촉한의 세력이 가장 미미했다. 유비마저 죽고 미력한 그 아들 유선이 왕위를 계승했을 때, 제갈량이 북벌전에 나섰다.

제갈량은 유비보다 20살 아래였는데, 명문으로 유명한 '출사표'를 바치고 북벌전에 나섰다가 마침내 진중에서 병사했다.

'신, 은혜를 입고 감격을 이길 길 없어 이제부터 출진하려 하옵는바, 표를 바치려 하니 눈물이 앞을 가려 사뢸 바를 모르겠나이다……'

이렇게 시작하는 출사표는 왕에게 아뢰는 글인 상주문이라기보다 오히려 유언장에 가까운 것이었다. 제갈량의 자는 공명, 그는 뛰어난 지략과 충성된 신하의 모범으로 후세에 널리 숭앙받았다.

제3장 모공편(謀攻篇)

군주가 군대에 우환이 되는 세 가지

그러므로 군주가 군대에 우환이 되는 것이 세 가지가 있다. 군대가 진격해선 안 되는 걸 모르고서 진격을 명하는 것, 군대가 퇴각해선 안 되는 걸 모르고서 퇴각을 명하는 것, 이 것은 군대를 속박하는 것이다. 그리고 삼군(三軍)의 내부사정을 알지도 못하면서 군정에 간여하여 군 내부에 혼란을 일으키고, 또한 지휘계통을 알지 못하고 군령에 간여하여 내 부에 불신감을 조성하는 일이다.

故君之所以患於軍者三 不知軍之不可以進 而謂之進
고 군 지 소 이 환 어 군 자 삼　부 지 군 지 불 가 이 진　이 위 지 진

不知軍之不可以退 而謂之退 是爲縻軍 不知三軍之事 而同三軍之政者
부 지 군 지 불 가 이 퇴　이 위 지 퇴　시 위 미 군　부 지 삼 군 지 사　이 동 삼 군 지 정 자

則軍士惑矣 不知三軍之權 而同三軍之任 則軍士疑矣
즉 군 사 혹 의　부 지 삼 군 지 권　이 동 삼 군 지 임　즉 군 사 의 의

🔅 • • • • • •

군주와 군의 관계에 있어서 군주의 마음가짐에 따라 군의 행동에 방해가 되는 것이 셋이 있다. 당연히 진격해서는 안 될 경우에 진격을 명령하거나, 한 걸음도 물러서서는 안 될 경우에 퇴각을 요구하는 것이다. 이는 군의 고 삐를 매어 행동을 부자유하게 속박하는 것과 같다.

제나라 민왕 때 민왕은 위력을 뽐내어 초나라의 재상 당매를 중구에서 격파하고, 한(韓), 위(魏), 조(趙) 등 삼국을 관진에서 꺾었으며, 드디어 그들 과 함께 진(秦)나라를 공격하고 조나라를 도와 중산을 멸망시키고, 송나라 를 격파하여 1천여 리의 땅을 넓혔다. 그 후 민왕은 진의 소왕과 힘을 겨루 어 제(帝)라고 칭하였다.

● 83

민왕은 스스로 뽐내며 노나라에 가서 다음과 같이 호언장담 하였다.

"천자가 방문하면 제후는 그 궁전을 천자에게 양보하고 열쇠를 내놓으며 예의를 갖추고 대청 아래에서 음식을 감독하고, 천자의 식사가 끝난 후 비로소 물러나 정사를 보는 법이다."

민왕의 교만함 때문에 점차 제후의 신의를 잃었으며, 후에 민왕의 교만함을 못마땅하게 여긴 조, 한, 위, 연나라의 제후가 연합하여 제나라를 토벌하였다. 연합군이 제나라 수도 임치를 함락시키자 민왕은 패주해 버렸다. 제멋대로 행동하다가 나라를 망쳐버린 어리석은 왕의 말로였다.

제3장 모공편(謀攻篇)

내분이 일어나면
적을 이롭게 할 뿐이다

삼군(三軍)이 의혹을 갖게 된다면 다른 제후가 도발할 것이다. 이것이 군대를 혼란스럽게
만들어 적에게 승리를 넘겨주는 행위이다.

三軍旣惑且疑 則諸侯之難至矣 是謂亂軍引勝
삼 군 기 혹 차 의   즉 제 후 지 난 지 의   시 위 난 군 인 승

군의 조직 내에 믿음을 저버리는 문제들이 생기면 다른 세력이 일어나게
된다. 결국 이런 현상들은 누수와 같이 군을 혼란시키고 약체화시켜서 승
패에 큰 영향을 주게 된다.

당태종이 645년 고구려를 침략하여 요동성을 함락하고 이어 안시성을
포위하자, 고구려는 고구려와 말갈의 연합군 15만여 명을 거느리고 당나
라 군대에 맞서 나아갔다.

고구려 진영에서는 나이 많고 경험이 풍부한 대대로 고정의가 고연수,
고혜진에게 말했다.

"당태종은, 안으로는 여러 영웅들을 쳐 없애고, 밖으로는 오랑캐들을 굴
복시켜 스스로 왕이 되었으니, 이는 세상을 제도하라는 천명을 받은 인재
이다. 지금 그가 전국의 군사를 이끌고 왔으므로 이에 대적할 수는 없다. 나

의 계책은, 군사를 정비하되 싸우지 않고, 여러 날을 두고 지구전을 펴면서 기습병을 보내 그들의 군량 수송로를 차단하는 것이다. 저들은 군량이 떨어지면 싸우려 해도 싸울 수 없고, 돌아가려 해도 갈 길이 없게 될 것이다. 이때만이 우리가 승리할 수 있는 때이다."

하지만 고연수, 고혜진은 이 말을 듣지 않았다. 그들은 당군의 유인책에 말려들어 3만여 명의 대군을 잃고 포위되어 결국 당나라에 항복하였다. 당 태종은 고연수를 홍려경(외교 사신), 고혜진을 사농경(농사 담당 관직)에 임명하였다.

그 뒤 안시성전투에서 당나라 군사의 피해가 계속되자, 이때 고연수 · 고혜진 등이 당 태종에게, 안시성 대신 오골성을 직접 공격할 것을 건의하였다.

"저희들이 이미 대국에 몸을 맡겼으니, 정성을 바치지 않을 수 없습니다. 천자께서 빨리 큰 공을 이루어 우리가 가족과 만나게 하여 주기를 원합니다. 안시성 사람들은 그의 가족들을 생각하여 자진하여 싸우고 있기 때문에 빨리 함락시키기는 쉽지 않습니다. 저희들은 고구려의 10여만 명의 병력을 가지고 있었음에도 불구하고, 황제의 깃발을 보는 것만으로 사기가 꺾여 허물어졌으며, 백성들의 간담이 서늘하였습니다. 오골성의 욕살(군주)은 늙어서 수비가 견실할 수 없으니, 군사를 옮겨 그곳을 공격한다면, 아침에 도착하면 저녁에는 승리할 것이며, 도중에 있는 여러 작은 성들은 위풍만 보고도 반드시 허물어질 것입니다. 이러한 연후에 그곳의 자재와 군량을 거두어 북을 울리며 전진하면, 그들은 틀림없이 평양을 지켜내지 못할 것입니다."

하지만 그 계책은 당나라 장수의 반대로 시행되지 않았다. 그 뒤 두 사람은 당나라 군대가 돌아갈 때 따라 돌아갔다.

승리를 예측하는
다섯 가지 방법

그러므로 승리를 알 수 있는 요소로 다음 다섯 가지가 있다. 싸워도 되는지 안 되는지 알면 이긴다. 많고 적은 병력의 운용을 알면 이긴다. 윗사람과 아랫사람의 하고자 하는 마음이 같은 나라는 승리한다. 미리 준비한 자가 준비하지 못한 자를 대적하면 이긴다. 이 다섯 가지가 승리를 예측할 수 있는 방법이다.

故知勝有五 知可以戰與不可以戰者勝 識衆寡之用者勝 上下同欲者勝
고 지 승 유 오   지 가 이 전 여 불 가 이 전 자 승   식 중 과 지 용 자 승   상 하 동 욕 자 승
以虞待不虞者勝 將能而君不御者勝 此五者 知勝之道也
이 우 대 부 우 자 승   장 능 이 군 부 어 자 승   차 오 자   지 승 지 도 야

과연 승리를 거둘 수 있는지 아닌지를 미리 알 수 있는 방법은 다음 다섯 가지 조건에 따른다.

첫째, 서로 싸워도 좋은 상대인가 또는 싸움을 피해야 할 상대인가를 정확하게 판단하는 것이다.

둘째, 병력이나 군비의 대소에 응하는 용법을 정확하게 알아야 한다.

셋째, 위에서 아래까지 목적을 잘 알고 완전한 일치태세가 되어야 한다.

넷째, 충분한 경계 태세를 펴고 면밀한 계산하에 상대편의 허점이 나타나기를 조용히 기다리는 마음의 여유가 있어야 한다.

다섯째, 주장이 충분한 재능과 능력을 갖추고 있는데다 군주가 그 능력을 잘 알고 신임하여 간섭이나 지배를 하지 않아야 한다.

이상 다섯 가지 조건을 완전하게 구비함에 따라 승리를 예측할 수 있다는 것이다. 장황한 설명이 필요치 않으므로 더 이상 덧붙일 것이 없다.

제3장 모공편(謀攻篇)

적을 알고 나를 알면 백전백승이다

그러므로 말한다. 저편의 사정을 알고 이편의 사정을 알고 있으면 백번 싸워도 위태롭지 않다. 저편의 사정을 알지 못하고, 이편의 사정만 알고 있으면 한 번은 승리하고 한 번은 패배한다. 저편의 사정과 이편의 사정을 함께 알지 못하고 있으면 전쟁을 할 때마다 반드시 위태롭게 된다.

故曰 知彼知己 百戰不殆
고 왈 지 피 지 기 백 전 불 태

不知彼而知己 一勝一負 不知彼不知己 每戰必殆
부 지 피 이 지 기 일 승 일 부 부 지 피 부 지 기 매 전 필 태

⊛ ・ ・ ・ ・ ・ ・

상대를 모르고 싸움을 거는 것처럼 어리석은 일은 없다. 어떤 승부를 겨루든 간에 상대편의 상황을 구석구석 손바닥 들여다보듯 알고 난 다음, 냉정하게 이쪽과 저울질하여 결코 지지 않겠다는 것을 확인한 다음이라면 틀림없이 백전백승할 것이다.

그런데 아군의 진영에 대해서는 잘 알고 충분하다는 확신이 있어도 이것을 상대하고 비교검토한 후가 아니라면 그 판단이 맞는 때가 있고 어림도 없이 틀리는 때도 있으므로 싸워 보지 않고는 알 수가 없다. 때로는 이쪽 실력을 과대평가하는 점도 있을 것이고, 상대를 얕잡아 보는 점도 있을 것이므로 결국 뚜껑을 열어보면 이 싸움은 일승일패로 끝나기 쉽다. 운이 좋아 우세한 부분이 많으면 이길 것이고, 그것이 반대로 흐르면 상대에게 패하게 될 것이다. 또 자기 실력도 정확히 모르고 상대방의 실력도 모르면 백전백패가 기다리고 있을 뿐이다.

군형편

軍形篇

'군형'이란 군의 배치 형태를 뜻한다. 군의 힘을 최대로 발휘하는 것은 세력이다. 그리고 이 세력은 군의 배치 형태에 따라서 강하거나 약하게 된다. 군의 행동은 개개인의 행동의 집합이 아니라 군이라는 한 집단의 일부분으로서 개개인의 행동이 존재한다.

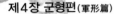

적이 승리하지 못하도록
만전의 태세를 갖추라

손자가 말했다. 예로부터 전쟁에 능한 자는 먼저 적이 승리하지 못하도록 만전의 태세를
갖추고 아군이 승리할 수 있을 때를 기다렸다. 적이 나를 이길 수 없게 하는 것은 나에게
있고, 내가 적을 이길 수 있는 상황은 적에게 있다.

孫子曰 昔之善戰者 先爲不可勝 以待敵之可勝 不可勝在己 可勝在敵
손 자 왈　석 지 선 전 자　선 위 불 가 승　이 대 적 지 가 승　불 가 승 재 기　가 승 재 적

전쟁이란 예측할 수 없는 긴장감 팽팽한 현장이다. 지루한 장기전이 아
닌 이상 긴장감이 흐트러지면 안 된다. 전쟁에 능한 사람의 전법을 보면 적
에게 승리를 안기지 않도록 만반의 태세를 갖추어 놓는 것을 우선으로 삼
는다.

이렇게 완벽하게 정비해 놓은 다음, 서서히 상대방의 태세에서 승리를
거둘 수 있는 틈이나 결점이 생기기를 기다리는 방법을 사용하고 있다. 상
대편에게 침범을 당하지 않도록 방어 태세를 안팎으로 검토하여 어디서 밀
고 들어와도 막아낼 수 있도록 해야 한다. 완전하게 준비를 해도 어디선가
허점이 나올 수 있기 때문에 점검, 또 점검하여 준비를 갖춘 후에 전투에 돌
입해야 한다.

무엇보다도 먼저 아군의 태세를 정비해야 하지만, 맞서 싸울 적군의 상
태도 면밀하게 알아야 한다. 시시각각 변하는 적진의 동향에 온 정신을 쏟

아 충분히 조사하여 손안에 놓고 보듯 세세히 알아야 한다.

그러나 아군과 적진의 상태를 충분히 잘 알고 있다고 해서 바로 전투명령을 내려서는 안 된다. 서로의 균형이 깨지는 순간을 기다려야 한다. 즉 아군의 전력이 적군보다 높아지는 시기까지는 기다려야 한다. 힘의 균형이 깨질 때가 공격을 시작할 적기이다.

승리는 원한다고
얻어지는 것이 아니다

그러므로 전쟁을 잘하는 자는 적군의 승리를 불가능하게 할 수는 있지만, 반드시 아군이
이길 수 있게 할 수는 없다. 그러므로 '승리를 미리 예견할 수는 있어도 그것을 원한다고
마음대로 얻어지는 것은 아니다' 라고 말하는 것이다.

故善戰者 能爲不可勝 不能使敵必可勝 故曰 勝可知 而不可爲
고 선 전 자　능 위 불 가 승　불 능 사 적 필 가 승　고 왈　　승 가 지　이 불 가 위

• • • • • •

　　상대가 절대로 승리할 수 없다는 것은 모든 점에서 이쪽의 태세가 완전
하기 때문이고, 동시에 이쪽이 승리할 가능성이 있는 것도 상대의 태세에
약점과 결함이 있기 때문이다. 그러므로 아무리 싸움에 능한 자라도 적에
게 승리를 주지 않도록 이쪽 태세를 정비할 수 있는 만전의 대책은 취할 수
있으나, 상대를 공격하여 반드시 이길 수 있는 안성맞춤의 태세로 이끌어
간다는 것은 어려운 일이다. 이미 자기 나라의 수비 태세가 튼튼하여 언제
어디에서 적의 침략이 있더라도 방어할 자신이 선 뒤라야, 이편에서 공세
를 취할 수 있을 것이다. 그러나 자기 나라의 수비가 완벽한 때라고 해서
곧 남을 공격하라는 뜻은 아니다. 적에게 빈틈이 생길 때까지 기다려야 한
다. 이 미묘함을 잘 간파하여 전진과 공격의 시점을 알아내는 것이 장수의
임무이다.

제4장 군형편(軍形篇)
이길 수 있을 때 공격하라

이길 수 없는 자는 자신을 지키고, 이길 수 있는 자는 공격한다. 지키는 것은 군사력이 부족하기 때문이고, 공격하는 것은 군사력이 여유가 있기 때문이다.

不可勝者 守也 可勝者 攻也 守則不足 攻則有餘
불 가 승 자　수 야　가 승 자　공 야　수 즉 부 족　공 즉 유 여

만약 상대의 태세가 충분하여 공격하는 힘과 수비하는 힘의 균형이 이쪽이 불리하다고 생각하였을 때는 일단 공격을 중지하고 지키는 데 전념하지 않으면 안 된다. 절대적으로 이쪽이 우세하다고 볼 때 비로소 공세로 나가는 것이다. 수세를 취한다는 것은 힘의 균형에 있어서 이쪽이 부족하기 때문이고, 공격으로 나아가는 것은 이쪽이 유리하기 때문이다.

수세냐 공세냐, 이는 아군과 적군의 힘의 균형에 따른 것으로서 열세라고 생각하였을 때는 서투르게 책략을 써서 공격할 생각을 하지 말고 수세를 택한다.

당나라 측천무후 초기, 서경업이 강도에서 군사를 일으켜 왕가를 회복한다고 나섰다. 서경업은 위사공을 참모로 앉히고 그 책략을 물었다.

"주상께서는 무후가 어린 군주를 유폐한 일 때문에 왕가의 회복을 결심

하셨습니다. 곧 회북(화이베이)으로 건너가서 스스로 대군을 이끌고 동도로 진격하셔야 합니다. 산동의 장병들은 주상의 뜻을 알면 반드시 죽음을 각오하고 종군해 올 것입니다. 그렇게 하시면 천하는 평정될 것입니다."

서경업은 그 말대로 따르려고 하였다. 그러자 설장이 나섰다.

"금릉 땅에는 왕의 기운이 일찍부터 나타나 있습니다. 즉각 이에 응해야 합니다. 더욱이 그 땅은 큰 강이 천연의 요새를 이루고 있어서, 스스로를 지키는 데 충분합니다. 부디 우선 상윤 등의 고을을 공략하여 왕패의 업을 이룩하시고, 그 다음에 군사를 이끌고 북상하심이 가할 것입니다. 그렇게 하신다면 물러섰을 때 돌아갈 곳이 있고, 앞으로 진격하면 이익이 될 것이니, 실로 양책이 아니겠습니까?"

서경업은 옳다고 생각해 직접 군사 4,000명을 이끌고 강을 건너 남쪽의 윤주를 공격하였다. 위사공은 두기인(杜氣仁)에게 속삭였다.

"병의 기세란 통합을 해야지 분산을 해서는 안 된다. 서경업은 힘을 모아 회하를 건너 낙양으로 들어가야 하건만, 남쪽 윤주를 공격하니 틀림없이 성공하지 못할 것이다."

과연 서경업은 패하고 말았다. 모든 전쟁은 긴밀한 조직력 위에 성립한다. 충분히 파악하고 실현하지 않으면 승리는 쟁취할 수 없다.

아군을 보전하며 승리해야 한다

지키기를 잘하는 자는 마치 땅속 깊이 숨은 것 같고, 공격을 잘하는 자는 마치 높은 하늘 위에서 움직이는 것과 같다. 그러므로 아군을 보전하면서 완전한 승리를 거둘 수가 있다.

善守者 藏於九地之下 善攻者 動於九天之上 故能自保而全勝也
선 수 자 장 어 구 지 지 하 선 공 자 동 어 구 천 지 상 고 능 자 보 이 전 승 야

조나라 북변을 지키는 장수 이목은 흉노가 공격해 오면 봉화를 신호로 삼아 주민이나 병사들로 하여금 성 안으로 피하게 하였다. 이에 병사들은 싸우려고 하지 않는 이목을 겁쟁이라고 생각하였다. 왕도 이목을 문책하고 대신 다른 장군을 파견하였다. 그 장군은 크게 싸웠으나 잃은 것이 많았으며, 변경의 백성들은 농경목축의 생업도 할 수가 없게 되었다. 그래서 다시 이목이 임명되었다. 이목이 여전히 흉노와 싸우지 않자, 흉노도 이젠 이목을 완전히 겁쟁이라고 생각하게 되었다. 이목은 수년 동안 병사들을 훈련만 시킬 뿐 실전에는 쓰지 않았다.

병사들 모두가 한 번 싸우기를 원하자 이목은 병거 1,300대, 기마 2,000두, 공로가 있었던 용사 15만 명, 활의 명수 10만 명을 배치하고 대연습을 거행하였다. 그러나 흉노의 소부대가 침입해 오면 여전히 싸우지 않고 성 안으로 도망쳤다. 그러자 흉노의 왕 선우는 대군을 이끌고 단숨에 이목의 군대를

격파하려고 공격해 왔다. 이목은 많은 군사를 곳곳에 배치하여 좌우로 날개를 펴고 반격해서 흉노 10만여 기를 죽이고 드디어 선우를 패주시켰다.

이 전투에서 흉노는 많은 종족이 멸망당하거나 항복하여 그 후 10여 년간 감히 조나라의 변경에 접근하지를 못하였다.

이목은 단 한 명의 손실 없이 훈련을 거듭시켜 자발적으로 싸우기를 원할 때까지 병사들을 길러 놓았다. 백성들도 역시 재산을 잃는 일 없이 생업에 종사할 수 있었으니, 병사도 백성도 힘이 충실하였던 것이다. 이목은 일시에 그 힘을 나타내어 적을 완전히 쓸어버린 것이다.

제4장 군형편(軍形篇)

요란한 승리는
최선의 승리가 아니다

사람들이 다 아는 것 같은 요란한 승리는 최선의 승리가 아니다. 승리를 하여 모든 사람들이 칭찬을 한다 해도 그런 승리는 최선의 승리는 아니다.

見勝不過衆人之所知 非善之善者也 戰勝而天下曰善 非善之善者也
견 승 부 과 중 인 지 소 지 비 선 지 선 자 야 전 승 이 천 하 왈 선 비 선 지 선 자 야

⊗ ‧ ‧ ‧ ‧ ‧ ‧

감추어 숨긴 서로의 수비 태세를 간파해내고 쌍방의 실력을 비교 검토한 후, 전쟁으로 돌입한다는 사전의 복잡한 작전이 있어야 비로소 승리를 얻을 수 있다.

따라서 누구의 눈에나 뚜렷하게 예견되는 승리라면 결코 손뼉을 치며 칭찬할 만한 것이 못된다.

또 악전고투 끝에 겨우 이겼다고 말하는 승전은 진정 훌륭한 승전이 아니다.

제4장 군형편(軍形篇)

가벼운 털을 들고
힘이 세다고 하지 않는다

추호 같은 가벼운 털을 들고 힘이 세다고 하지 않고, 밝게 빛나는 해와 달을 보는 눈을
밝은 눈이라 하지 않으며, 우레처럼 큰 소리를 듣는다고 해서 귀가 밝다고 여기지도 않
는 것이다.

故擧秋毫不爲多力 見日月不爲明目 聞雷霆不爲聰耳
고 거 추 호 부 위 다 력　 견 일 월 부 위 명 목　 문 뇌 정 불 위 총 이

＊ ＊ ＊ ＊ ＊ ＊

　닭 털 하나나 오리털 한 오라기를 들고 천하 장사의 힘이라고 칭찬할 수
는 없다. 털 한 오라기는 세 살 먹은 어린 아이라도 들 수 있을 만큼 가볍기
때문이다. 하늘에 떠 있는 달이나 해를 보았다고 해서 시력이 대단하다고
할 수 없으며, 지축을 뒤흔드는 우렛소리를 들었다고 해서 귀가 좋다고, 예
리한 청력을 가졌다고 부러워하지는 않는다.

　예로부터 전해 오는 말과 같이 진정한 의미에서의 승리란 이겨야 할 것
을 이긴 것이다. 상대가 안 되는 적을 이겼다면 진정한 승리라고 할 수는 없
다. 외형이 그 사람을 말해 주는 것은 아니기 때문에 그 형체 속에 들어 있
는 것을 잘 통찰하지 않으면 안 된다.

제4장 군형편(軍形篇)

요행을 바라지 말라

예로부터 전쟁을 잘한다는 사람은 기회를 포착하여 승리를 거둔다. 그래서 전쟁을 잘하는
자는 승리해도 지략이나 명성, 용맹이나 공적 등이 두드러지게 나타나지 않는 것이다.

古之所謂善戰者 勝勝易勝者也 故善戰者之勝也 無智名 無勇功
고 지 소 위 선 전 자　승 승 역 승 자 야　고 선 전 자 지 승 야　무 지 명　무 용 공

병법의 진리도 극히 평범한 사실에 기인하는 것이다. 부자연한 이상함이
있어야만 화제가 되는 것이므로, 영웅이라 불리고 명장이라 불리는 사람들
의 사적이나 전적 등은 어떤 의미에서는 선의 선이 아닌지도 모른다. 선전
하는 자는 승리하기 쉬움을 승리하는 자라는 말은 주목할 만한 생각이다.
이상적인 싸움을 했을 경우, 별로 평판도 얻지 못하고 타인의 입에 오르내
리지도 않으므로 극히 평범하다는 인상만 남는지도 모른다.

위나라 사람인 형가는 연나라에서 개섭이란 사람과 검에 대하여 서로 논
하게 되었다. 의견 차이로 개섭이 노려보자 형가는 나가 버렸다. 사람들이
형가를 다시 부르려고 하였으나 개섭이 말하였다.

"아까 검에 대한 논쟁을 하였는데 이상한 소리를 해서 내가 노려보았더
니 나가 버렸네. 이미 어디론가 가 버렸을 것이네."

사람을 보내어 찾아보니 과연 형가는 이미 수레를 타고 떠나 버린 후였다. 한단에서 머무르고 있을 때, 형가는 노구천과 쌍륙놀이를 하다가 말다툼이 벌어졌다. 노구천이 화를 내며 소리치자, 형가는 말없이 도망쳐 버렸다. 연나라로 오자, 형가는 축(筑)을 잘하는 고점리, 전광 등과 교제하였다. 술이 거나해지고 감정이 고조되면 서로 부둥켜안고 울었다.

그 후 연나라 태자 단의 간청으로 형가는 진나라 왕을 자살(刺殺, 칼로 찔러 죽임)하는 일을 맡았다. 전광의 추천으로 형가가 받아들인 것이다. 진의 왕을 만날 기회를 얻기 위해 형가는 목에 천금이 걸려 있는 옛 진나라 장수인 번어기를 만났다. 번어기는 형가의 말을 듣자, 즉석에서 스스로 목을 치고 죽었다. 번어기의 목을 손에 넣은 형가는 한 자루의 단검을 숨기고 진나라의 궁전으로 들어갔다. 왕의 소매를 잡으면서 형가가 칼을 날리려는 순간 실수로 실패하고 말았다. 형가는 죽기 직전에 고함을 질렀다.

"내가 실패한 것은 살려놓고 위협하여 침략당한 토지를 반환시키려고 했기 때문이다."

그 후 천하를 통일한 진나라 시황제는 고점리의 재능을 아껴 측근에 두었는데, 그 역시 시황제 살해를 꾀하다 죽음을 당했다. 노구천은 형가가 진의 왕을 죽이려고 했다는 말을 듣고 중얼거렸다.

"아, 아까운 노릇이로다. 내게 사람을 보는 눈이 없었다니! 형가는 아마도 나를 인간으로 취급할 수 없는 놈이라고 생각했을 것이다."

형가의 인격을 통찰하지 못한 노구천은 몹시 괴로워하였다. 형가와 고점리, 전광이 서로를 알아본 데 비하여, 개섭이나 노구천은 단지 형가의 겉모양만 보고 판단했기 때문에 사람을 알아보지 못한 것이다.

제4장 군형편(軍形篇)

승리란 이미 패배한 자를 상대로 거두는 것이다

그러므로 그 싸움은 손만 대면 이기도록 되어 있는 탓에 어김없이 이긴다. 승리란 이미 패배한 자를 상대로 거두는 것이다.

故其戰勝不忒 不忒者 其所措必勝 勝已敗者也
고 기 전 승 부 특 부 특 자 기 소 조 필 승 승 이 패 자 야

완벽한 준비를 마친 후에 제대로 된 전술을 펼쳐서 전쟁을 하면 이기는 것은 당연하다. 그 조처가 빗나가거나 계획에 벗어나는 일이 없기 때문에 반드시 이기게 된다. 왜냐하면 미리 모든 상황을 준비하고 대처하면서, 상대에 대한 파악을 마친 후이므로, 사실상 이미 승리를 맡아놓은 것이다. 그만큼 확실하고 철저하게 승패를 저울질한 후에 전쟁에 임하라는 것이다. 실패가 0.001%라도 예상될 때는 하지 말아야 할 것이 전쟁이라는 의미를 담고 있다. 그 희생과 피해를 생각할 때 당연한 말이다.

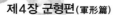

제4장 군형편(軍形篇)

승리하는 군대는 이겨 놓고 싸움에 나선다

그러므로 전쟁을 잘하는 사람은 지지 않는 자리에 서서 적의 패배를 놓치지 않는다. 그러므로 승리하는 군대는 먼저 이겨 놓고 싸움에 나서고, 지는 군대는 먼저 싸움부터 하고 승리를 찾는다.

故善戰者 立於不敗之地 而不失敵之敗也 是故勝兵先勝而後求戰
고 선 전 자 입 어 부 패 지 지 이 부 실 적 지 패 야 시 고 승 병 선 승 이 후 구 전

敗兵先戰而後求勝
패 병 선 전 이 후 구 승

　　　● ● ● ● ● ●

　그러므로 이상적인 전쟁을 하는 자는 자기편이 완전무결한 태세를 갖추고 있기 때문에 조금도 걱정을 할 필요가 없으므로 오로지 상대만을 엿볼 수 있다. 따라서 적의 약점이 생기면 공격하여 이길 기회를 놓치는 법이 없다. 다시 말하면, 이길 싸움은 충분히 이길 만한 태세와 요인 위에 서서 싸움을 개시하는 것이고, 지는 싸움이란 덮어 놓고 싸움을 하여 그 싸움에서 이길 기회를 구하려고 하는 위험한 싸움이라는 말이다.

　당고조에게 중용된 무인 가운데 이청이란 사람이 있었다. 행군대총관에 기용되어 후에 위국공으로 봉해진 그는 병법에도 능하였다.

　그가 말하기를, "삼군의 총지휘관이 된 자는 정세를 명찰할 줄 알고 인화를 꾀하며, 심모(深謀)하면서도 원려(遠慮)가 있어서, 천시(天時)를 자세하게 파악하여 사람으로서의 길을 올바르게 걷는 자라야 한다. 만약 그렇지 못

102 ●

하면 변을 만나서 기(機)에 응하여 적과 상대할 수는 없을 것이다. 행군은 좀처럼 진행되지 않고 헛되이 헤맬 뿐 대책을 세우지도 못하여 갈팡질팡하니, 마침내 대오는 흩어지고 만다. 마치 풀을 푸르게 한다고 열탕에 넣거나 소중한 가축을 호랑이나 이리에게 먹히도록 쫓아내는 것과 조금도 다름이 없는 것이다."

과연 6세기 후반 알타이 산기슭에서 일어난 몽고, 중앙아시아 초원에 유목제국을 이룩한 돌궐을 격파하고, 산서성 챠하르의 유목민 토곡혼(吐谷渾)을 평정한 대장군다운 말이다.

장수는 솔선하여
몸과 마음을 닦으라

군사를 잘 사용하는 자는 도를 닦고 법을 보전한다. 따라서 능히 승패를 다스릴 수 있는 능력이 있다.

善用兵者 修道而保法 故能爲勝敗之政
선 용 병 자　수 도 이 보 법　고 능 위 승 패 지 정

군형과 태세의 좋고 나쁨은 요컨대 싸움의 근본이념을 적용시켜 재검토해 보아 실수 없이 만사가 완비되어 있으면 적합하고, 미비한 점이 있으면 부적합한 것이 된다. 그러므로 싸우지 않고도 승산은 내 손아귀에 들어 있는 것이니, 군형 문제도 근본이념이 그 바탕이 되어 실제로 올바르게 행해지고 있는지 없는지에 귀결하게 된다.

장수 이광은 진(秦)나라의 장군이 되어 연나라의 태자 단을 추적하여 포박한 인물이다. 한나라 문제 14년에 흉노가 침입했을 때, 이광은 종군하여 싸웠다. 말 위에서 활을 쏘는 데 능하여 많은 전공을 세웠다.

경제(景帝) 6년에 흉노가 대군으로 공격해 왔다. 경제는 이광에게 총애하는 환관을 보호하도록 명하였다. 어느 날 100기 정도의 군대로 환관을 지키고 있는데, 수천 기의 흉노가 있는 것이 보였다. 흉노가 이광 등을 보고

미끼로 생각했는지 산위로 올라가서 진을 치자 병사들이 놀라 도망치려고 하였다. 그러자 이광이 말하였다.

"우리들은 본대에서 수십 리나 떨어져 있다. 이런 상태에서 100기 정도가 도망을 치면, 흉노가 뒤쪽에서 쏘아대므로 곧 전멸해 버릴 것이다."

이광은 100기를 이끌고 나아가 흉노의 진에서 2리쯤 떨어진 곳에 멈춘 뒤 말에서 내렸다. 병사들이 겁을 내자 이광은 다시 말하였다.

"안장을 풀고 도망치지 않는다는 것을 보여 미끼로 생각하게 하자."

그러자 흉노들은 공격하지 않고 떠나 버렸다. 이광은 병법에도 능했던 것이다. 흉노는 이광의 지략을 겁내고, 병사들은 그를 따르기를 기뻐하였다.

무제(武帝) 4년, 이광은 대장군 위청을 따라 흉노를 공격하였다. 그러다 길을 잃게 되어 대장군보다 전장에 늦게 나타났다. 화가 난 대장군은 이 일에 대해 조사하여 보고할 것을 명하였다. 그러자 이광은 말하였다.

"부하들에게는 죄가 없다. 내가 길을 잃었다. 보고문은 내가 쓰겠다."

그리고 다시 부하들을 향하여 말하였다.

"그동안 흉노와 크고 작은 싸움을 70회나 치렀다. 길을 잃은 것은 천명으로 생각할 수밖에 없다."

이광은 말을 마치자 스스로 자결하였다. 이광은 길을 잃은 책임을 지고 법의 규칙을 명백하게 한 것이다.

제4장 군형편(軍形篇)

병법은 정확한 수치에
승패가 달려 있다

병법의 다섯 가지 요소는 첫째 국토의 크기, 둘째 생산량, 셋째 병력의 수, 넷째 전력의 우열, 다섯째 승리를 꼽는다. 지형에서 국토의 크기가 생성되고, 국토의 크기에서 생산량이 생성되고, 생산량에서 병력의 수가 발생하고, 병력의 숫자에서 전력의 우위가 결정된다. 그리고 전력의 우위로써 승리가 결정된다.

兵法 一曰度 二曰量 三曰數 四曰稱 五曰勝
병법 일왈도 이왈량 삼왈수 사왈칭 오왈승

地生度 度生量 量生數 數生稱 稱生勝
지생도 도생량 양생수 수생칭 칭생승

﷽ ･ ･ ･ ･ ･ ･

   병법에서 말하는 것은 다섯 가지가 있다. 첫째는 원근을 재는 척도, 둘째는 물량을 재는 계량, 셋째는 많고 적음을 재는 계수(計數), 넷째는 비교 검토, 다섯째는 승패의 판단이라고 한다. 땅이란 전쟁터를 말한다. 전쟁터는 그 원근과 넓고 좁음을 잴 필요가 있고, 원근을 재면 그 높고 낮은 지형의 측량이 수반된다. 이것을 알면 다음에 그 지형에 의한 병사의 인원, 무기, 식량의 필요한 숫자가 나오고, 그 수가 상세하게 나오면 피아의 비교검토를 할 수가 있다. 그 다음에는 승패를 추정할 수가 있는 것이다.

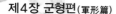

제4장 군형편(軍形篇)

민심을 하나로 결집시켜라

그러므로 승리하는 군대는 무거운 천칭으로 가벼운 저울추를 상대하는 것과 같다. 패배하는 군대는 가벼운 저울추로 무거운 천칭을 상대하는 것과 같다. 이기는 전쟁의 요체는 백성의 마음을 하나로 결집시키는 데 있다. 그렇게 되면 마치 천리 길이나 되는 높은 계곡에 막아둔 물을 한 번에 터뜨려 쏟아지게 하는 것처럼 된다. 이것이 바로 군사력, 즉 군형(軍形)이다.

故勝兵若以鎰稱銖 敗兵若以銖稱鎰 勝者之戰民也
고 승 병 야 이 일 칭 수　패 병 야 이 수 칭 일　승 자 지 전 민 야

若決積水於千仞之谿者 形也
야 결 적 수 어 천 인 지 계 자　형 야

⊛ • • • • • • •

승리를 약속받은 군 조직과 패전을 약속받은 군 조직 사이는 큰 차이가 있다. 싸움이 시작되면 댐의 물을 터서 깊은 골짜기로 떨어뜨리듯 숨 쉴 사이도 없이 공략해 버리는 것이 진정한 의미에서의 승전이라는 것이다. 이것이 참된 뜻에서의 균형이며 태세이다.

진(秦)나라의 왕정(뒷날의 시황제)이 형나라와 전쟁 중에, 장수 이신에게 어느 정도의 군사가 있으면 족한가를 물었다. 이신은 수천 명의 군사로 연나라 태자인 단을 추적하여 사로잡은 용맹한 장수였다.

"아마 20만 명은 필요합니다."

이신의 대답에 진나라의 왕은 다시 왕전이란 장군에게 물었다.

"60만 명은 필요합니다."

왕전은 전에 조(趙)나라 왕을 항복시키고 조나라를 평정한 다음 다시 연

나라를 공격하여 수도인 계(薊)를 평정한 노련한 장군이었다.

진의 왕은 두 사람의 대답을 듣고 이렇게 생각하였다.

'겁내는 걸 보니 왕 장군은 늙었군. 그러나 이 장군은 용맹스러워.'

그래서 진의 왕은 이신과 몽염에게 20만 명의 군사를 주었다. 처음에 두 사람은 형나라 군대를 크게 격파했지만 서쪽으로 진군하여 성부에 이르렀을 때, 3일 동안 계속된 공격으로 대패하고 말았다.

그리하여 다시 왕전이 출격하게 되었다. 60만 명의 대군이 쳐들어온다는 소식에 형나라는 전군을 동원하여 진을 막아내려고 하였다. 왕전은 도착하여 진을 친 후 싸우려고 하지 않았으므로, 병사들은 마음껏 휴식을 취할 수 있었다. 어느 날 왕전은 부하들의 진중으로 사람을 보내어 병사들이 무얼 하고 있는지 알아보게 하였다.

"돌팔매질도 하고, 뜀뛰기도 하고, 씨름도 하면서 놀고 있습니다."

왕전은 "좋다!" 하고 큰 소리로 외쳤다. 그는 병사들의 심신이 모두 건전한 것을 확인한 것이다. 한편 아무리 도전을 해도 싸우려고 하지 않는 진나라 군을 보고 형나라 군대는 퇴각하기 시작했다. 이때 왕전은 비로소 출격을 명하였다. 그렇게 하여 1년 후, 형나라는 진나라에 평정되었다.

병세편

兵勢篇

전쟁은 국가 간의 힘의 대결이다. 그러므로 전쟁에 있어서 힘을 최대
한으로 발휘하도록 해야 한다. 따라서 군대는 세(勢)를 부여해야 한다.

효율적인 군사편제를 갖추라

손자가 말하였다. 무릇 다수의 병력을 통솔하면서도 소수의 병력을 통솔하듯 하는 비결은 효율적인 군사편제를 갖추는 분수(分數)에 있다. 많은 군대와 전투하는 것을 소수의 군대와 전투를 하듯 함은 지휘와 명령 체계와 신호를 사용하고 있기 때문이다.

孫子曰 凡治衆如治寡 分數是也 鬪衆如鬪寡 形名是也
손 자 왈   범 치 중 여 치 과   분 수 시 야   투 중 여 투 과   형 명 시 야

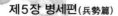

　군사 편제는 대대와 중대, 그리고 다시 이를 10명과 5명 단위의 소대와 분대로 세분해 편성하는 데 있다. 형명(形名)의 '형'은 아군의 진형을 재빨리 바꾸면서 전술을 변화시킬 때 사용하는 깃발인 정기(旌旗)로, 부대 표지, 연대기, 부대 깃발 등을 뜻한다. '명'은 호령이란 뜻으로, 전 군사가 한 치의 흐트러짐이 없이 전진과 후퇴할 때 사용하는 봉화, 징과 북, 나팔을 뜻한다.

　분수(分數)란 수를 나눈다는 뜻으로, 편대 방법, 부대의 분할, 편성 인원수 등을 말한다. 아무리 수가 많은 대군단이라도 마치 작은 부대를 취급하듯 지휘하고 행동시킬 수 있는 것은 모든 부대의 편성이 빠짐없이 법에 맞게 되어 있기 때문이다. 대부대를 소부대와 같이 일사불란하게 전투 행위를 시킬 수 있는 것은 전투 표지나 명령의 전달 조직이 완전하기 때문이다.

　여기서는 조직과 통제의 중요성을 말하고 있다. 조직이 크기 때문에 만사가 철저하지 않다는 것은 그 편성 방법에 결함이 있음을 뜻한다.

제5장 병세편(兵勢篇)

기병과 정병을
적절하게 운용하라

삼군(三軍)이 많은 적군을 맞아 싸우면서 패하지 않는 것은 기병과 정병을 적절하게 운용하기 때문이다.

三軍之衆 可使必受敵而無敗者 奇正是也
삼 군 지 중   가 사 필 수 적 이 무 패 자   기 정 시 야

※ • • • • • •

　기병은 기습공격을 말하고, 정병은 정공법을 말한다. 삼군에 미치는 대군을 이끌고 적과 만났을 때 절대로 패하지 않는 전법으로는 기도(奇道)와 정도(正道)를 교묘하게 쓰는 수밖에 없다는 말이다.

　정도의 싸움은 정면에서 맞붙어 싸우는 것이 기본이지만, 그것만으로는 절대로 승리를 기대할 수 없다. 때에 응하고 기에 임하여 응변하는 처치가 필요하다. 응변만으로 싸움이 되는 것이 아님은 이제까지 구구하게 설명을 하였으나 임기응변의 기도작전, 곧 기병(奇兵)도 쓸 줄 알아야 한다. 그때그때의 돌출적인 행동이 전부는 아니므로, 정(正)과 기(奇)를 아울러 사용할 줄 알아야 한다.

충실함으로 적의 허점을 치라

전투가 전개되어 마치 돌로 알을 치듯 할 수 있는 것은, 충실함을 가지고 적의 허점을 치기 때문이다.

兵之所加 如以碬投卵者 虛實是也
병 지 소 가 　여 이 하 투 난 자 　허 실 시 야

군대의 조직 편성이 치밀하게 잘 되어 있다면 대부대는 마치 소수의 병력과 같이 일사불란하게 관리될 수 있다. 그러므로 대부대를 지휘하면서도 소수의 병사를 싸우게 하듯 마음대로 지휘할 수가 있는 것이다. 기책(奇策)과 정공법의 운용에 능하여 있으면 삼군이 적의 습격을 당해도 진퇴를 그르치지 않는다. 충실한 군대가 겉만 그럴싸하고 내실이 없는 적과 싸우면 반드시 승리를 차지한다. 요컨대 그 실력의 판단이다. 적의 약점을 재빨리 파악하여 약점을 찌른다면 숫돌로 달걀을 치는 결과가 된다.

제5장 병세편(兵勢篇)

무릇 전쟁은
기병(奇兵)으로 승리한다

무릇 전쟁은 정공법으로 맞서고 기습공격으로 승리한다. 그러므로 기병을 잘 쓰는 군대는 하늘과 땅의 조화처럼 무궁무진하고 강이나 바다처럼 마르지 않는다. 끝났다가는 다시 시작되는 것이 해와 달이 뜨고 지는 것 같고, 죽었다가 다시 살아나는 것은 마치 네 계절이 저무는가 하면 다시 시작되는 것과 같다.

凡戰者 以正合 以奇勝 故善出奇者 無窮如天地
범 전 자 이 정 합 이 기 승 고 선 출 기 자 무 궁 여 천 지

不竭如江河 終而復始 日月是也 死而復生 四時是也
부 갈 여 강 하 종 이 복 시 일 월 시 야 사 이 복 생 사 시 시 야

⸭ • • • • • •

전쟁의 기본은 병사를 지휘해 정공법인 접전을 하고, 기습은 그 과정에서 필요에 따라 사용해야 한다. 효과가 있다고 해서 처음부터 기습을 목적으로 해서는 안 된다. 기습은 임기응변의 태세이므로 일정한 원칙이나 규범이 정해져 있지 않다. 변화하는 상황에 따라 수시로 대응해 나가야 한다.

정(鄭)나라 장공(莊公) 원년에 장공은 동생 수단을 경(京)에 봉하였다. 채중이 간하여 말렸으나 장공은 끝내 듣지 않았다. 군비를 갖춘 수단이 212년에 정나라를 공격하자 어머니 무강이 내통했다. 출격한 장공은 수단을 패주시켰다. 계속 추격하여 장공이 경을 함락시키자 단은 도망쳤다.

장공은 어머니 무강을 영(潁) 땅으로 옮기고 맹세했다.

"제가 황천으로 갈 때까지는 뵙지 않겠습니다."

그러나 장공은 늘 어머니가 그리웠다. 영곡의 고숙이 진귀한 물건을 바

처 함께 식사를 하게 되었는데, 그때 고숙이 말하였다.

"제게는 노모가 있습니다. 부디 주군께서 내리신 이 식사를 어머니께 가져다주기를 허락해 주십시오."

이 말을 들은 장공은 말하였다.

"나도 어머니를 뵙고 싶다. 황천으로 갈 때까지는 만나 뵙지 않겠다고 맹세를 하였다. 맹세를 어길 수도 없고, 어떻게 하였으면 좋겠는가?"

"땅을 파서 황천을 만드시고 그곳에서 보시면 좋지 않겠습니까?"

그리하여 장공은 지하도를 파고 그곳에서 어머니 무강과 만났다. 황천으로 갈 때까지는 어머니를 뵙지 않겠다고 한 장공의 맹세는 살아서는 만나지 않겠다는 뜻이었다. 장공은 스스로 상황을 만들어서 맹세를 지키면서도 어머니와 만날 수가 있었다.

제5장 병세편(兵勢篇)

기병과 정병으로 만들어 내는 신묘한 전술

소리는 다섯 가지에 불과하나 그 변화가 만들어내는 곡은 실로 다 들을 수 없고, 색깔은 다섯 가지에 불과하나 그 변화가 만들어내는 색채는 실로 다 볼 수 없고, 음식은 다섯 가지에 불과하나 그 변화가 만들어내는 맛은 실로 다 맛볼 수 없다. 전세(戰勢)는 기병과 정병 2가지에 불과하나 그 변화가 만들어내는 전략과 전술은 실로 다 헤아릴 수 없다. 기병과 정병이 서로 뒤섞여 만들어내는 변화가 마치 둥근 고리처럼 끝이 없으니 과연 누가 능히 이를 다 헤아릴 수 있겠는가?

聲不過五 五聲之變 不可勝聽也 色不過五 五色之變 不可勝觀也 味不過五
성부과오 오성지변 불가승청야 색부과오 오색지변 불가승관야 미부과오

五味之變 不可勝嘗也 戰勢不過奇正 奇正之變 不可勝窮也 奇正相生
오미지변 불가승상야 전세부과기정 기정지변 불가승궁야 기정상생

如循環之無端 孰能窮之哉
여순환지무단 숙능궁지재

❀ • • • • • •

전쟁의 전술은 그 활용 방법이 거의 무한하다고 볼 수 있다. 이론이 아닌 실전에 있어서는 정병이라고 생각하면 기병이고, 기병이라고 생각하면 정병인 경우가 있지만, 정병에 기병이 가미되고, 기병 속에 정병이 가미되는 식의 복합적인 변화가 일어나므로, 기병이니 궤도니 하는 것은 이루 말할 수 없을 만큼 다양하여 어떠한 형태로 변화될지 모른다는 것이다.

해가 뜨면 달이 지고, 해가 지면 달이 나온다. 이 반복은 끝이 없다. 또 사시의 계절인 춘하추동도 그렇다. 이렇듯 그에 따른 변화란 끝이 없는 것이다. 음계도 다섯으로 분류되고 있으나, 자연이 가지고 있는 음의 세계란 그 변화가 무쌍하여 도저히 다 들을 수 없을 만큼 많은 종류가 있다.

색채 또한 그렇다. 원색은 다섯 가지이지만, 자연계의 색채란 천차만별로 눈으로 보고 지적할 수 있는 것이 아니다. 맛도 또한 기본은 다섯이나 그 복잡한 변화로 생기는 맛의 종류는 이루 다 열거할 수 없을 만큼 많다. 이와 같이 싸우는 태세도 기와 정 두 가지로 분류하나, 이 기와 정이 복합적으로 변화하여 현실에 나타나는 형태란 다 말할 수 없을 정도이다.

제나라의 장군 전단이 즉묵을 지켜서 연나라의 군과 싸운 전투는 정병과 기병을 교묘하게 연결시킨 경우이다. 그는 연나라 병사와 장군 사이를 이간질시키는 일을 하였다. 첩자를 보내어 이렇게 선전하였다.

"적장 악의는 연나라의 왕에게 모반하려는 마음을 품고 있다."

이 말을 들은 왕은 악의를 교체시키고 기겁을 장군으로 임명하였다. 그러나 연의 군사들은 이 교체에 대하여 강한 불만을 품었다. 다음에 전단은 다시 이렇게 선전하였다.

"내가 겁내고 있는 것은 연의 군이 포로로 잡은 우리 군사들의 코를 베어 선두에 내세우고 싸움을 걸어오는 것이다. 이렇게 되면 우리 군은 틀림없이 패할 것이다."

이에 연의 군은 옳다구나 하고 포로로 잡은 제나라 병사들의 코를 베었다. 성 안의 제나라 사람들은 분노하여 절대로 항복하지 않겠다고 결의하였다. 그러자 전단은 계속하여 선전하였다.

"적군이 성 밖의 무덤을 파서 조상의 시체를 욕보일까 봐 걱정이다."

또다시 연의 군은 그 말에 따라 무덤을 모두 파헤치고 시체를 불태웠다. 성벽에서 이를 바라본 제나라 군사들은 눈물을 흘렸으며, 분노는 10배에 달하였다.

마지막으로 전단은 무장병을 매복시킨 뒤, 노약자와 어린이, 그리고 여자들을 성벽에 오르게 하고 사람을 보내어 항복을 권하니, 연나라 장군들은 안심하고 방심을 하였다.

그 틈을 타서 그날 밤 전단은 1천여 두의 쇠뿔에 칼을 잡아매고, 꼬리에 갈대를 달아서 불을 붙이고 연의 군을 향해 달려가게 했다. 그리고 그 뒤를 5천 명의 병력이 따랐다. 성 안에서는 북을 울리며 함성을 올리자, 연의 군은 놀라 패주하고 말았다.

정석대로 적의 내부를 분열시키고, 아군의 투지에 불을 지른 다음, 기병으로 적의 허점을 찔러 공격한 전단이 승리를 거둔 것은 당연한 결과이다.

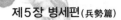

공격은 세찬 격류처럼 빨라야 한다

격렬한 물이 세차게 흘러 무거운 돌을 표류하게 하는 것이 기세다. 사나운 새가 질풍처럼 날아와서 짐승을 채가는 것이 절도이다. 그래서 전쟁을 잘하는 자는 그 기세가 험하고 그 절도가 극히 짧다. 그 기세는 활시위를 팽팽하게 당긴 것과 같고, 절도는 화살이 발사되는 것과 같다.

激水之疾 至於漂石者 勢也 鷙鳥之疾 至於毀折者 節也 是故善戰者
격 수 지 질 지 어 표 석 자 세 야 지 조 지 질 지 어 훼 절 자 절 야 시 고 선 전 자

其勢險 其節短 勢如彍弩 節如發機
기 세 험 기 절 단 세 여 확 노 절 여 발 기

●●●●●●

무시무시한 기세로 흐르는 격류는 커다란 돌을 떠오르게 하고, 그것을 밀어서 흐르게 하는 힘이 있다. 이것은 오로지 수세가 끊임없고 망설임이 없이 지속하는 힘의 집중 때문이다. 또 창공을 날던 독수리가 먹이를 낚아채 갈 수 있는 것은 순간적인 기회를 잘 잡기 때문이다. 이처럼 이상적인 공격방법은 일단 공세로 나오면 격류가 머무를 줄 모르는 것과 같은 맹렬한 기세로 해야 한다.

전진하고 공격하는 데 있어서, 극히 신속하고 돌발적인 작전을 전개하면 효과적인 저항도 할 수 없을 것이다. 기세를 날카롭게 잡고, 충분히 기다리다가 빈틈없이 일에 대처하는 수단을 기르는 것이 무엇보다 중요하다고 하겠다.

혼란 속에서도
질서를 유지하라

의견이 분분하듯이 전투가 치열해져도 혼란에 빠져서는 안 된다. 혼돈스럽게 적의 진형에 포위되었어도 패배하지 않는다.

紛紛紜紜 鬪亂而不可亂也 渾渾沌沌 形圓而不可敗也
분 분 운 운 　투 난 이 불 가 난 야　혼 혼 돈 돈 　형 원 이 불 가 패 야

공격할 때의 기세는 활을 쏠 때 시위를 팽팽하게 당겼을 때의 긴장도와 같은 것이며, 최고도의 강력함을 가지고, 그것을 발사하는 호흡(기회)은 석궁의 방아쇠를 당기듯, 목표물의 움직임에 맞추어서 틀림이 없도록 최적의 일순을 노리는 것이다. 접전이 벌어져 난투전이 되어 버리면 통제를 잡지 못할 염려가 있으나, 이때가 매우 중요하다. 여기서 병사가 멋대로 움직인다면 끝장이다. 그러므로 혼전이나 난전중이라도 뚜렷한 법칙과 질서가 지켜지지 않으면 안 된다. 평소에 정확하게 짜여졌던 대형도 난전이 되고 나면 적과 아군이 뒤섞여 한 덩어리가 된다. 그러나 그 혼돈속이라도 상호 연락으로써 엄중히 유지되지 않으면 안 된다.

제5장 병세편(兵勢篇)
약함은 강함에서 비롯된다

혼란은 질서에서 생겨나고, 겁은 용기에서, 약함은 강함에서 각각 비롯된다. 혼란과 질서는 군의 조직과 편성의 문제이며, 비겁하거나 용감한 것은 군의 기세에 따르며, 약하고 강하고는 순전히 군의 태세에 달려 있다.

亂生於治 怯生於勇 弱生於彊 治亂 數也 勇怯 勢也 强弱 形也
난 생 어 치　겁 생 어 용　약 생 어 강　치 난　삭 야　용 겁　세 야　강 약　형 야

⸙ ‧ ‧ ‧ ‧ ‧ ‧

통제가 잘 되고 있다가도 하찮은 계기로 인하여 혼란에 빠지는 수가 있고, 적에게 용감하던 군사가 하찮은 일로 겁을 먹기 쉬운 때도 있다. 이와 같은 사소한 일이 반복되면 평소에 강력하던 병력도 약점 투성이가 될 염려가 있다. 평화 속에서 일이 되어 가는 대로 내버려 두면, 그 평화가 얼마 후 전란으로 바뀌는 것은, 초 평왕의 사례로도 알 수 있다.

초나라 평왕의 태자는 건이다. 오사와 비무기가 교육을 맡았는데, 비무기는 건에 대해 성실하지 않았다. 평왕은 진(秦)나라에 비무기를 보내어 태자비를 데려오라고 하였다. 그런데 진의 공녀가 절세미인이었다.

"왕께서 그녀에게 장가드시고, 태자에겐 따로 비를 구해 주소서."

평왕은 비무기의 말을 좇아 진나라 공녀를 맞이하여 장가들었으며, 매우 총애하여 아들 진(軫)을 낳았다. 한편 태자에게는 따로 비를 맞이하게 하였

다. 건이 왕위에 오르게 되면 죽음을 당하겠다는 생각 때문에 비무기는 계속 태자를 중상하였다. 건은 점차 세력을 잃고 드디어는 변경의 수비를 담당하라는 명령을 받았다. 비무기는 나중에 건이 반란을 꾀하고 있다고까지 하였다. 평왕은 양육계인 오사를 불러서 엄하게 문초하였다.

비무기의 중상을 알고 있는 오사는 평왕에게 말하였다.

"왕께서는 왜 하찮은 간신의 말을 믿고, 혈육을 소홀하게 대하십니까?"

그러자 비무기가 재빨리 평왕에게 간하였다.

"지금 제지하지 않으면 음모가 이루어져 왕은 포로가 될 것입니다."

평왕은 화를 내며 오사를 포박하였다. 오사는 몰래 사람을 보내어 태자 건을 도망치게 하였다. 평왕은 더욱 노하여 소리쳤다.

"네 두 아들을 부르라. 그러면 목숨을 살려 주겠다."

"상(尙)은 정이 깊어 반드시 오겠지만, 원(員)은 강직하고 부끄러움을 잘 참아 대사를 이룩할 인물이라 오지 않을 것입니다."

이윽고 평왕의 부름을 받은 오상이 떠나려고 하자 오원이 말하였다.

"형님, 평왕이 우리를 부르는 것은 아버님의 목숨을 살리려고 하는 것이 아닙니다. 가면 다 살해될 것입니다. 차라리 도망쳐서 아버님의 원수 갚을 일을 도모합시다. 알면서 죽음의 길을 택할 필요는 없습니다."

"물론 알고 있다. 그러나 아버님이 부르시는데 가지 않을 수가 없구나. 아우야, 너는 도망쳤다가 아버님의 원수를 갚아다오. 나는 죽음을 택하겠다."

오상과 오사는 결국 함께 살해되었고, 오원은 오나라로 도망쳤다.

5년 후, 평왕이 죽자 아들 진(軫)이 왕위에 올랐다. 그가 바로 소왕(昭王)이다. 소왕 원년에 초나라는 끊임없이 오나라의 공격을 받았으므로 사람들은 비무기를 원망하였다. 결국 내분이 일어나 비무기는 살해당했다.

소왕 10년에 오나라는 대군을 일으켜서 초나라를 공격하여 크게 격파하였으며, 수도 영(郢)에 입성하였다. 오원은 평왕의 무덤을 파헤치고, 그 시체를 끌어내어 300대의 매질을 하여 원한을 풀었다.

제5장 병세편(兵勢篇)

작은 이익을 보여주어
적을 유인하라

그러므로 적을 능숙하게 조종할 줄 아는 자는 위장된 행동으로 적이 말려들게 하고, 적에게 무엇인가 주는 척하여 그것을 취하려고 덤비도록 만드는 것이다. 작은 이익을 보여주어 적을 움직이고 기만술로써 기다리는 것이다.

故善動敵者 形之 敵必從之 予之 敵必取之 以利動之 以卒待之
고 선 동 적 자 형 지 적 필 종 지 여 지 적 필 취 지 이 리 동 지 이 졸 대 지

🜨 • • • • • •

아군에 유리하도록 적을 움직이게 해야 한다. 우선 이쪽에서 보이는 양상 여하에 따라, 적이 움직인다는 점과 조금만 틈을 보여도 곧 그 틈을 파고들 것이라는 점 등이 있는데, 이렇게 유도하는 수단을 써서 적에게 이익을 보여주었다가 그 틈을 타서 재빨리 공격하는 태세를 취해야 한다. 그러므로 전쟁에 능한 자는 오히려 병세를 움직이는 것을 제일로 하고, 싸우는 사람의 역량이나 그 기능 따위에는 기대를 걸지 않는다. 이렇게 틈을 보여 유도한 뒤에 적의 움직임을 낚아채는 아슬아슬한 재주는 통제연락이 완벽하지 않으면 불가능한 전법이다.

조나라의 명장 이목이 흉노의 왕 선우를 결전장으로 끌어내는 데 성공한 것은 바로 이(利)로써 이를 움직인 것이다. 결전의 기회가 성숙하였다고 본 이목이 흉노에게 던져준 먹이는 지극히 교묘했다.

그때까지 수년 동안 이목은 흉노가 침입해 오면 봉화를 신호로 백성들과 가축들을 전부 성 안으로 옮겨, 흉노가 약탈할 것이 하나도 없게 만들었다. 이와 같은 방법으로 싸움을 피하자 흉노의 군사는 물론 이목의 부하들까지도 이목을 겁쟁이라고 생각하였다.

이목의 군사들은 그 상황 중에서 어떻게든 흉노를 해치워야겠다고 절실하게 생각하게 되었다. 그들은 나날이 상사(賞賜)를 받았으나 실전은 한번도 할 기회가 주어지지 않고 있었다. 이목은 어느 날, 대연습을 거행하였다. 가축도 방목을 하고 들에는 일하는 사람들로 가득하였다. 이때 흉노의 소부대가 쳐들어왔다. 이목은 일부러 패주하였으며 또 수천 명의 민중도 그대로 남겨 놓았다.

선우는 모든 세력을 이끌고 변경을 침입해 왔다. 그러나 결과는 선우의 대패로 끝나고 말았다.

이야기를 바꿔 성고에서 한나라 군사와 초나라 군사가 싸웠을 때, 조구를 장으로 하는 초의 군이 대패한 것도 한의 군 뜻대로 조종을 당하였기 때문이다. 초나라의 항왕이 양나라의 팽월을 치기 위하여 동진할 때 조구에게 명령한 바가 있었다.

"한나라가 도전해 와도 싸우지 말라. 오직 한나라가 돌진하지 못하도록 하면 된다. 15일 후에 양나라의 땅을 평정하고 장군과 합류할 것이다."

과연 항우가 떠난 후 한나라는 성고에 있는 초의 군에게 싸움을 걸어 왔다. 그러나 초의 군은 명령대로 출격하지 않았다. 그러자 한나라는 사람들에게 5, 6일간에 걸쳐 초의 군을 모욕하게 하였다.

조구는 크게 노하여 항왕의 명령을 잊고, 범수(氾水)를 건너 공격하도록 부하에게 명하였다. 군사들이 강 한복판에 도달하였을 때, 한의 군은 일제히 공격을 개시하여 초의 군을 크게 격파하고 초나라의 재보를 말끔히 약탈해 갔다. 이듬해, 한나라 왕 유기와 초나라 왕 항우는 해하에서 싸웠다. 여기서 패배한 항우는 스스로 목을 치고 죽고 말았다.

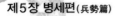

제5장 병세편(兵勢篇)

인재를 적재적소에 배치하라

그러므로 전쟁을 잘하는 자는 승리를 추세에서 찾고 사람에게 책임을 묻지 않는다. 따라서 인재를 택하여 적재적소에 배치하고 세에 승리를 맡기는 것이다.

故善戰者 求之於勢 不責於人 故能擇人而任勢
고 선 전 자　구 지 어 세　부 책 어 인　고 능 택 인 이 임 세

큰 파도를 구성하고 있는 개개의 물방울은 어디까지나 물방울이다. 그것을 하나의 큰 힘으로 움직이게 하는 것은 집단으로 움직이게 하는 힘의 결정 때문인데, 올바르게 방향 지어져 있어야 한다. 적재적소에 쓰였을 때, 그 인재는 지니고 있는 힘의 몇 배의 일을 하게 되는 것이다.

전국 시대 제나라의 맹상군은 재물을 아끼지 않고 예의를 다하여 식객을 우대하였으므로 그의 문하에 모여든 식객은 수천 명에 달하였다. 그 명성을 전해들은 진나라의 소왕은 맹상군을 재상으로 등용하고자 청하였다. 그런데 진나라로 가보니 뜻밖의 일이 벌어졌다.

"맹상군은 제나라 사람이므로, 우리 진나라의 일보다 먼저 자기 본국을 생각할 것입니다."

진 소왕은 이 말을 듣고 망설이다가 다시 쫓아버리면 맹상군에게 원한을

사게 되리라 생각하고, 암암리에 그를 없애고자 연금해 버린 것이었다.

맹상군은 진 소왕의 총희에게 부탁하여 고국으로 돌려보내 달라고 하였다. 그러자 호백구를 달라는 조건을 내세웠다. 호백구란 맹상군이 진 소왕에게 선물로 바친 것으로, 여우 겨드랑이의 부드러운 흰 털가죽을 모아서 만든 옷으로 천금이나 되는 귀중품이었다. 곤란해진 맹상군이 식객들에게 의논을 하자, 천하의 호걸이라는 사람들도 한숨만 쉴 뿐이었다.

그때 한 사람이 말석에서 나왔다. 그는 언제나 여러 사람들에게 바보 취급을 받고 있던 사나이로 원래의 직업은 좀도둑이었다. 의논끝에 그가 보기 좋게 진 소왕의 궁정에서 호백구를 훔쳐 내 오고, 맹상군은 시치미를 떼고 그것을 총희에게 바쳐서 위기를 모면하였다. 야음을 틈타 객사에서 탈출한 맹상군 일행이 함곡관에 도착한 것은 동이 트기 전으로, 새벽 첫닭이 울 때까지는 아직도 멀었다. 다시 곤란에 빠졌을 때 앞으로 나서는 자가 있었으니, 그는 닭의 울음을 흉내내는 것으로 식객이 된 사나이였다. 그 사나이의 닭울음소리로 문지기가 날이 샌 줄 알고 문을 열었고 맹상군은 무사히 제나라로 돌아올 수가 있었다.

사람을 돌과 나무처럼 사용하라

세에 승리를 맡기는 사람은 사람을 쓰는 것을 마치 통나무나 돌을 굴리는 것처럼 한다. 목석의 성격은 편안한 곳에서는 정숙하고, 위태로운 곳에서는 움직인다. 네모난 것은 정지하고 원형의 것을 굴러간다. 그러므로 사람을 잘 싸우게 하는 세는 둥근 돌을 천 길이나 되는 산 위에서 굴리는 기세와 같다.

任勢者 其戰人也 如轉木石 木石之性 安則靜 危則動 方則止 圓則行
임세자 기전인야 여전목석 목석지성 안즉정 위즉동 방즉지 원즉행

故善戰人之勢 如轉圓石於千仞之山者 勢也
고 선전인지세 여전원석어천인지산자 세야

❀ • • • • • •

교묘하게 병세가 움직이는 것을 잡아서 그것에 거슬리지 않도록 하면, 살아 있는 인간에게 싸움을 시켜도 마치 나무와 돌을 굴리는 것과 같은 상태가 된다. 원래 나무나 돌은 어떤 힘이 가해지지 않으면 원래대로 움직이지 않는다. 그러나 한쪽을 기울게 한다거나 무게중심을 잃게 하면 안정을 잃고 움직이기 시작한다. 모양이 둥글면 조금만 자세가 흐트러져도 굴러 내려간다. 그래서 병사들을 싸우게 할 때는 둥근 돌을 높은 산에서 굴러 내려가게 하는 것과 같은 무서운 기세로 몰아야 한다.

제6장

허실편
虛實篇

적을 드러나게 하고 나는 드러나지 않는다. 여기서는 전투에 있어서
승리의 비결이란, 아군의 실(實)로써 적의 허(虛)를 찌르는 것이다.

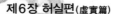

제6장 허실편(虛實篇)

전쟁의 주도권을 잡는
쪽이 이긴다

손자가 말하였다. 전쟁터에서 먼저 자리를 잡고 적을 기다리는 군대는 편안하고, 뒤늦게 싸움터에 달려가는 군대는 피로하다. 그러므로 전쟁을 잘하는 자는 적을 유인하되 적에게 유인되지 않는다.

孫子曰 凡先處戰地而待敵者佚 後處戰地而趨戰者勞 故善戰者
손 자 왈 범 선 처 전 지 이 대 적 자 일 후 처 전 지 이 추 전 자 노 고 선 전 자

致人而不致於人
치 인 이 부 치 어 인

❀ • • • • • •

한 걸음 앞서서 전쟁터에 도착하여 상대가 나타나기를 기다리는 것은 몸에 무리를 주지 않기 때문에 편하다. 뒤늦게 전장으로 나와 즉시 전투에 임하게 되면, 자연적으로 무리가 따른다. 그러므로 싸움에 능숙한 사람은 먼저 공격하지 않고 가능한 한 상대를 끌어들여 싸우는 전술을 취한다. 크고 작은 전투가 있을 때는 거기에 따르는 힘의 소모를 생각해야 한다. 크게 움직이면 큰 소모가 있고, 작게 움직이면 작은 소모가 있게 마련인데, 이것은 설비나 능률과도 통하는 것이라고 할 수 있다. 적당한 설비만 갖추면 100이 움직여서 100의 효과를 얻을 수 있으나, 이것이 불완전 하면 150이 움직여서 50의 효과밖에 얻지 못하게 된다.

후주가 돌궐을 사주하여 후제를 공격해 왔다. 후제의 장군 단소가 이를 맞아서 싸우려는 작전을 폈다. 마침 큰 눈이 내린 뒤였는데, 후주에서는 서

쪽에서 몰려와 성 밖 2리 지점까지 육박하였다. 후제의 여러 장수는 진격하여 적과 싸우려 하였으나, 단소는 허락하지 않았다.

"보졸의 기력이나 기세에는 한도가 있다. 더욱이 지금은 큰 눈이 내려 공격해 나아가기에는 그다지 좋지 않다. 진중에서 대기하라. 적은 피로하고 아군은 힘이 남아 있으므로, 적을 격파하기는 쉬운 일이다."

그 뒤 한 번의 교전으로 단소가 후주군을 크게 격파하니, 후주군은 정신없이 도망쳐 버렸다.

먼저 진을 펴고 적을 기다리면 충분히 준비도 할 수 있고, 병사나 말도 힘을 비축할 수가 있다. 그러나 전쟁터에 도착하는 것이 늦으면 충분한 준비를 갖출 틈도 없을 뿐만 아니라, 피로해진 군사와 말을 바로 전투에 투입시키게 되므로, 싸움의 주도권을 잡지 못하고 끌려다니게 된다. 그러므로 싸움에 능숙한 사람은 상대를 바쁘게 만들고 아군이 편안하게 기다려 싸우게 하는 것이다.

미끼를 보여주어
적을 유인하라

적군으로 하여금 스스로 공격해 오게 하려면 이익을 보여주어야 하고, 적군으로 하여금
공격하지 못하게 하려면 피해가 있다는 것을 시사해야 한다.

能使敵人自至者 利之也 能使敵人不得至者 害之也
능 사 적 인 자 지 자 이 지 야   능 사 적 인 부 득 지 자 해 지 야

상대를 자발적으로 이쪽으로 접근하게 만드는 것은 그렇게 하는 것이 상
대로서 이익이 된다고 생각할 만한 그 무엇이 있어야 한다. 그 반대로 저쪽
에서 움직여 오려는 생각을 하지 않는 것은 상대에게 손해를 예측하게 하
는 그 무엇이 있기 때문이다.

팔짱을 끼고 저쪽에서 움직여 오기를 기다리는 것이므로 상대가 움직여
올 만한 것이 없어서는 안 된다. 그렇게 하는 편이 이익이 된다는 것을 상대
가 느끼지 않으면 상대는 움직이지 않는다. 움직이면 반드시 그에 수반하
는 손실이 있으므로 무리해서 움직여 올 리가 없는 것이다.

적을 피로하게 만들고
동요하게 하라

그러므로 적이 편안하게 있으면 계속하여 그들을 피로하게 만들고, 적이 배불리 먹고 있으면 주리게 만들며, 안정되어 있으면 동요하도록 해야 하고, 적의 수비가 약한 곳을 공격하며 뜻하지 않은 곳을 습격한다.

故敵佚能勞之 飽能飢之 安能動之 出其所必趨 趨其所不意
고 적 일 능 노 지　포 능 기 지　안 능 동 지　출 기 소 필 추　추 기 소 불 의

적군은 가능한 한 움직이지 않고 가만히 있으려고 하는 것이 본연의 상태이다. 그렇다고 체념을 하고 있어서는 전쟁이 되지 않는다. 만약 적이 편안한 상태에 있는 듯하면 어떻게 해서든지, 애쓰게 만들어서 피로한 상태로 이끌어 가야 하는 것이다. 식량이 풍부해 보일 때도 방법을 강구하여 부자유하게 만드는 것이다. 요컨대 상대의 안정을 어떻게든 무너뜨리는 것인데, 이것은 불가능한 일은 아니다.

평온하고 안정된 상대만큼 싸움 상대로서 대하기 힘든 것은 없다. 이 같은 상대와 싸우게 되었을 때는 이쪽이 유인되는 불필요한 움직임을 보이기 쉬우므로 한 수 늦어진다. 평온 상태에 있는 상대에게는 허점이나 결함이 없는 법이다. 상대가 비로소 움직이게 되었을 때, 그것이 어떠한 형태의 것이든지 찌르고 들어갈 허점을 통해 공격의 기회도 만들 수 있다.

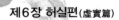

적의 맹점을 찾아서 공격하라

천리 길을 행군해도 피로하지 않은 것은 저항하는 적이 없는 곳을 가기 때문이다. 공격하여 반드시 빼앗을 수 있는 것은 그들이 지키지 않는 곳을 공격하기 때문이다. 방어가 견고한 것은 적이 공격할 수 없는 곳을 지키기 때문이다.

行千里而不勞者 行於無人之地也 攻而必取者 攻其所不守也
행 천 리 이 불 로 자   행 어 무 인 지 지 야   공 이 필 취 자   공 기 소 부 수 야

守而必固者 守其所不攻也
수 이 필 고 자   수 기 소 불 공 야

* * * * * *

후한 때, 장보는 도읍을 극에다 정하고, 동생 남에게는 서안을 지키게 하였고, 또 다른 장군에게는 임동을 지키게 하였다. 마침내 임동에서 40리쯤 떨어진 지점에 경감이 군사를 이끌고 진주해 왔다. 진을 치자 경감은 자세하게 시찰하였다. 서안은 비록 성은 작으나 견고하고 남이 인솔하고 있는 군사도 정예하다는 것과 임동은 유명하기는 하나 실제로는 공격하기 쉬운 성이라는 것을 알아냈다. 이에 경감은 군사에 명하여 무기를 준비시키고 5일 후에 서안을 공격하여 성 주위에서 군사들에게 한참 동안 함성만 지르게 한 다음 그대로 후퇴해 버렸다. 남은 오랫동안 이어지는 함성을 듣고 틀림없이 적이 공격해 온 것이라고 생각하여 성문을 굳게 닫고 철통 같은 수비 태세를 취하였다. 기회가 왔다고 생각한 경감은 밤중에 군사들에게 음식을 먹게 하고 출발하여 새벽에는 임동성에 도착하였다. 이에 부장 순량 등은 작전에 대하여 이의를 내놓았다.

"어서 속히 서안을 공격해야 합니다."

그러자 경감은 말하였다.

"서안은 우리 군사들의 함성을 듣자 공격당하는 줄 알고 철통같이 성을 지키고 있다. 원군도 내보내지 못하고 있을 것이다. 이때 서안이 공격당하고 있다고 생각하는 임동을 불의에 친다면 몹시 놀라서 당황할 것이다. 그 틈을 타서 힘을 다하여 공격한다면 반드시 하루 만에 함락시킬 수 있다. 임동이 함락되면 서안은 고립된다. 이것이야말로 일석이조가 아닌가!"

경감이 임동성을 공격하니, 모든 것이 계획대로 되었다. 이와 같이 맹점은 있는 법이고, 틀림없이 무방비 상태가 될 때가 있는 것이다.

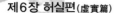

적이 어디를 공격할지 모르게 하라

그러므로 공격에 능숙한 자는 적이 어디를 방어해야 할지 모르게 하고, 방어를 잘하는 자는 적이 어디를 공격해야 할지 모르게 한다. 이러한 태도는 신묘하여 눈에 보이지 않으며, 신비하고 신비하여 소리가 나지 않는다. 그리하여 적의 운명을 손안에 장악할 수가 있는 것이다.

故善攻者 敵不知其所守 善守者 敵不知其所攻 微乎微乎 至於無形
고 선 공 자 적 부 지 기 소 수 선 수 자 적 부 지 기 소 공 미 호 미 호 지 어 무 형

神乎神乎 至於無聲 故能爲敵之司命
신 호 신 호 지 어 무 성 고 능 위 적 지 사 명

⊛ • • • • • •

이상적인 공격 방법은 상대로 하여금 어디를 어떻게 지켜야 완벽한가에 대한 판단을 할 수 없게 하고, 또 이상적인 수비에 부딪히면 상대는 어디를 어떻게 공격하면 좋은지 실로 미묘해져 목표를 세울 수가 없게 하는 것이다. 이로써 갈팡질팡하게 만드는 것이니, 마치 목소리가 없는 것을 상대로 하거나 형태가 없는 것을 잡는 것과 같다. 따라서 뜻대로 상대를 요리할 수가 있다. 이쪽의 진격을 눈치 채더라도 상대의 허점을 불의에 찌르는 것이므로 응수할 수가 없게 된다.

아군이 추격하는 속도보다 적이 후퇴하는 속도가 빠르면 적은 있어도 잡을 수가 없다. 따라서 무형이 되는 것이다. 재빠르게 후퇴를 하면 적의 운명을 내 손에 쥘 수가 없다. 싸움을 하고 싶다고 생각했을 때는 싸움을 할 수 있고, 싸움을 하고 싶지 않다고 판단했을 때는 싸우지 않아도 되는 것이 무형, 무성의 정신이다. 명장이라고 불리는 사람들의 전술에는 이와 같이 완

전치는 않더라도 이에 가까운 것이 많다.

홍수라는 강을 끼고 대치한 초나라 성왕과 송나라 양공은 무형, 무성이란 점에서 보면 거의 낙제였다. 양공의 군세는 적고 성왕의 군세는 훨씬 많았다. 수를 믿고 성왕의 군사는 홍수를 건너기 시작하자, 자어가 양공에게 말하였다.

"적은 보는 바와 같이 대군이지만, 지금이라면 적의 허를 찌를 수 있으니 강을 다 건너기 전에 공격합시다."

그러나 양공은 듣지 않았다. 강을 다 건너온 초의 군대가 잠시 진형을 정비하지 못하고 있을 때 자어가 다시 말했다.

"이 기회를 놓치면 공격할 시기는 없습니다."

"아니다. 적이 진형을 정비할 때까지 기다리자."

이렇게 하여 초의 진형이 정비되자, 양공은 공격 개시의 북을 울렸다. 물론 양공은 진형을 갖춘 초의 대군을 이길 수가 없었다. 송나라 사람들이 원망하자 양공은 태연히 말하였다.

"군자란 남이 곤경에 처하였을 때 괴롭혀서는 안 되는 법이다. 초의 진형이 정비될 때까지 공격 신호를 내리지 않은 것은 그 때문이다."

자어는 화를 내며 말했다.

"전쟁은 승리가 공적의 전부입니다."

자어의 말대로 전시에 평화 시의 도리를 들추어 본들 아무 소용도 없는 것이다. 양공은 아군을 유형으로 하고 적을 무형에 가깝게 한 다음에 싸웠다. 전술에 어긋나는 지휘를 했기 때문에 지는 것은 당연한 일이었다.

제6장 허실편(虛實篇)

철수할 때는 신속하게 하라

아군이 진격해도 적이 방어하지 못하는 것은 그 허점을 찌르기 때문이요, 이편이 철수할 때 추격하지 못하는 것은 그 행동이 신속하여 뒤쫓지 못하기 때문이다.

進而不可禦者 衝其虛也 退而不可追者 速而不可及也
진 이 불 가 어 자　충 기 허 야　퇴 이 불 가 추 자　속 이 불 가 급 야

공격할 때는 일시에 무섭게 몰려오는 폭풍처럼 하여 상대의 허를 찔러야 한다. 또한 후퇴할 때 역시 최소의 피해를 생각해 신속하게 행동해야 한다. 상대에게 응수할 시간을 주는 것은 상대의 허가 실은 허가 아니게 된다. 태세를 재정비할 여유를 주기 때문이다. 그러므로 병을 움직이는 속도로 의표를 찌르라는 것이다.

널리 알려져 있는 손빈과 방연이 마릉에서 벌인, 숙원의 대결에 제나라의 장군 전기가 손빈의 계략을 듣고 저녁 무렵에 방연의 군이 반드시 도착할 것을 추정하여, 험난한 곳에 복병을 숨겼다가 대승한 것은 시일과 싸움터를 잘 판단한 결과라고 할 수 있다.

반드시 응전할 수밖에 없도록 공격하라

그러므로 아군이 교전을 하고 싶을 경우에는 적이 비록 요새 안에서 교전을 거부한다 하더라도 응전하지 않을 수 없는 것은 그들이 반드시 구하지 않으면 안 될 곳을 공격하기 때문이다. 아군이 교전을 원치 않을 때는 비록 땅 위에 선을 그어놓고 지키고 있다 하더라도 적이 도전해 오지 못하는 것은 그들의 공격 목표를 이루지 못하도록 방향을 바꾸어 놓았기 때문이다.

故我欲戰 敵雖高壘深溝 不得不與我戰者 攻其所必救也 我不欲戰
고 아 욕 전   적 수 고 누 심 구 부 득 부 여 아 전 자 공 기 소 필 구 야 아 부 욕 전

畫地而守之 敵不得與我戰者 乖其所之也
화 지 이 수 지 적 부 득 여 아 전 자 괴 기 소 지 야

• • • • • •

아군이 전투를 시작해야 할 때는 상대에게 가장 급소가 되는 치명적인 곳을 노려야 한다. 적의 본거지라든가 무기고, 탄약고, 양식고 또는 전후를 연락하는 통로 등을 들 수 있다. 적이 아무리 성벽이나 누를 높이 하고 구를 깊이 파서 엄중하게 수비를 굳혀도 이쪽에서 싸우려고 들면, 상대는 싫어도 응하지 않을 수 없다. 반대로 이쪽이 싸움을 시작하면 오히려 불리하다고 생각했을 때는, 비록 굳은 진지를 구축하지도 못하고 단순히 땅에 선을 그어놓았을 정도의 간단한 방비라도, 충분히 상대의 출격을 막을 수가 있다. 그것은 상대의 목적과 크게 어긋나게 하는 것이다. 목적과 어긋나는 것이란 방비진을 친 곳이 뜻밖의 곳이거나 그 방위 방법이 손쉽게 손을 댔다가는 대패할 요인이 있다든가 하는 여러 가지가 있을 것이다. 아무튼 적의 예상을 뒤엎는 방비를 갖추는 것이다.

적군은 드러나게 하고 아군은 숨으라

그러므로 적군은 드러나게 하고 아군은 드러내지 않으면 아군은 결집되고 적군은 분산된다. 아군은 집결되어 하나가 되고 적군은 열로 나누어지므로, 이는 열 사람이 한 사람을 공격하는 것이 된다. 즉, 아군은 수가 많고 적병은 적어지게 된다. 그렇게 되면 다수로 소수를 공격하는 것이 되므로 적을 이기는 것은 간단하다.

故形人而我無形 則我專而敵分 我專爲一 敵分爲十 是以十共其一也
고 형 인 이 아 무 형   즉 아 전 이 적 분   아 전 위 일   적 분 위 십   시 이 십 공 기 일 야

則我衆而敵寡 能以衆擊寡者 則吾之所與戰者 約矣
즉 아 중 이 적 과   능 이 중 격 과 자   즉 오 지 소 여 전 자   약 의

❀ • • • • • •

적의 군형은 아군의 눈에 드러나게 하고 아군의 진은 드러나지 않게 해야 한다. 그러려면 적진에서 전개되는 상황을 잘 파악해야 한다. 그리고 상대에게는 가급적 뚜렷한 진형을 취하게 하고, 이쪽은 가급적 포착하기 힘든 대형으로 포진을 한다면 이쪽에서의 공격은 집중적인 것이 되나, 적으로서는 목표가 뚜렷하지 않으므로 힘이 분산되고 말 것이다. 다시 말하면, 이쪽의 힘은 집중된 하나가 되고 상대의 실력은 분산되어 10으로 나뉜다는 것이니, 하나의 힘이 10분의 1로 줄어든다고 생각해도 좋다. 즉 10분의 1대 1의 공격력과 수비력의 대결이다. 대세력과 소세력의 싸움은 비록 같은 수의 군대라고 하더라도 뚜렷하게 드러나 있는 상황 전개에 따라 상대방을 치는 것이므로, 마치 상대를 작게 오그려서 한 곳으로 모아놓고 치는 것과 같은 것이다.

아군의 공격 장소를 모르게 하라

아군이 공격할 장소를 적군이 모르게 하라. 모르면 적은 수비할 곳이 많아지게 된다. 적이 수비할 곳이 많아지면 병력이 분산되기 때문에 아군과 싸울 적의 수가 적어지게 된다.

吾所與戰之地 不可知 不可知 則敵所備者多
오 소 여 전 지 지 불 가 지 불 가 지 즉 적 소 비 자 다

敵所備者多 則吾之所戰者 寡矣
적 소 비 자 다 즉 오 지 소 전 자 과 의

⸙ • • • • • • •

적과 맞서 싸워야 할 결전지는 좀처럼 적이 눈치 채지 못하게 해야 한다는 말이다. 결전지를 깨닫지 못한다면 아무래도 불필요한 병력을 이곳저곳에 배치시켜 대비하지 않으면 안 된다. 그렇게 되면 이쪽 주력과 충돌할 상대의 병력이 대부분 다른 곳으로 나눠지게 되므로 소수의 적과 싸우고 적은 희생으로 끝나게 되기 때문에 승리가 보다 확실하게 되는 것이다.

전황(戰況)의 추이로 미루어 보아 적을 공격하기 위한 군대의 배치나 그 행진 방향 등을 자세하게 관찰하면 대개 이 근처에서 결전이 되겠다는 지리적 예측이 서는 법이다. 바로 이것이 중요한 것이다. 이것만은 가급적 예상이 서지 않는 곳을 택하여 상대의 판단을 혼란시켜서 정체가 뚜렷하지 않은 전황으로 만들지 않으면 안 된다. 상대의 실력을 분산시키는 것은 실력을 작게 만드는 것이 된다. 특히 세력이 백중한 상대와 대적하였을 때는 상당히 효과적인 전법이 될 것으로 생각된다.

적으로 하여금
아군을 방비하게 만들라

그러므로 앞쪽을 대비하면 뒤쪽의 병력이 약화되고, 뒤쪽을 수비하면 앞쪽이 약화된다. 왼쪽을 대비하면 오른쪽이 약화되고 오른쪽을 대비하면 왼쪽이 약화된다. 전후좌우를 전부 방어하려면 어느 곳이나 병력이 적어질 수밖에 없다. 적병이 적은 이유는 아군을 수비해야하기 때문이다. 아군이 많은 이유는 적병으로 하여금 아군을 방비하게 만들기 때문이다.

故備前則後寡 備後則前寡 備左則右寡 備右則左寡
고 비 전 즉 후 과   비 후 즉 전 과   비 좌 즉 우 과   비 우 즉 좌 과

無所不備 則無所不寡 寡者備人者也 衆者使人備己者也
무 소 불 비   즉 무 소 불 과   과 자 비 인 자 야   중 자 사 인 비 기 자 야

막강한 힘도 전후좌우로 분산되면 힘이 나뉘게 되어 약해지게 마련이다. 방비할 곳이 많을수록 공격할 여력은 줄어든다. 사방을 두루 방비하게 되면 전체가 다 약화되고 만다. 반대로 상대에게 방비시키는 곳이 많을수록 이쪽의 전력은 강해진다.

생각 없이 닥치는 대로 방비를 굳힌다는 것은 극단적으로 말하면 아무런 방비를 하지 않는 것과 같다는 말이다. 상대로 인하여 방비를 해야 하는 쪽과 방비를 하도록 하는 쪽과의 우열에 얼마나 큰 차이가 있는가 하는 점이 전력의 다소에 통하게 된다면 여간 큰 일이 아닌 것이다. 작전을 운용하는 법에 따라서는 병력을 5배, 10배로도 쓸 수 있다는 것이 된다. 그렇게 되면 10이면 포위한다는 것이 반드시 전체 병력의 차이를 말하는 것이 아니라, 5라도 포위할 수 있고 대등하더라도 포위할 수 있다는 것이다.

전투 장소와 시기를 알고
싸워야 승리한다

그러므로 싸움의 땅을 알고 싸움의 날을 알면 천리 떨어진 먼 곳에서 싸워도 좋다. 그러나 싸울 곳을 알지 못하고 시기를 알지 못하면 좌측은 우측을 구원하지 못할 것이고, 우측은 좌측을 구원하지 못할 것이다. 앞쪽 군사들은 뒤쪽 군사들을 구원할 수 없고, 뒤쪽 군사들은 앞쪽 군사들을 구원할 수 없다. 그런데 하물며 멀리는 수십 리, 가깝다 해도 수 리 밖에 있는 아군에 대해서는 더 말할 것도 없는 것이다.

故知戰之地 知戰之日 則可千里而會戰
고 지 전 지 지 지 전 지 일 즉 가 천 리 이 회 전

不知戰地　不知戰日 則左不能救右 右不能救左
부 지 전 지　　부 지 전 일 즉 좌 불 능 구 우 우 불 능 구 좌

前不能救後 後不能救前 而況遠者數十里 近者數里乎
전 불 능 구 후 후 불 능 구 전 이 황 원 자 수 십 리 근 자 수 리 호

❀ • • • • • •

그러므로 결전장이 확실하게 예측되고, 그 시일이 추정도 가능하면 그것이 아무리 먼 곳일지라도 충분히 이쪽이 전술대로 사용할 수 있다.

그러나 대강의 짐작이라도 서지 않는다면 참으로 비참하기 짝이 없다.

왼편에 포진하고 있는 병력이 적의 주력과 싸우고 있는 오른편의 아군을 원조할 수 없으며, 왼편에 있는 병력이 오른편에 있는 병력을 돕지 못한다. 전방에 위치하고 있는 병력이 후방을 돕지 못하고, 후방의 병력이 전방을 돕지 못하는 수가 있게 된다. 하물며 수십 리나 떨어져 있는 아군이라면 한층 더할 것이다. 수십 리가 아니라 수 리라도 어떻게 구원하러 달려갈 수 있겠는가. 손자로서는 아무리 적국인 월나라 병사의 수가 많다 하더라도 그 병사의 수가 많은 것이 싸움의 승패에는 도움이 되지 않는다고 생각한다는 말이다.

'맹자'에 말하기를, '천시(天時)는 불여지리(不如地利)'라고 하였고, 그곳은 배[舟]가 좋은가, 전차를 통과시킬 수 있는 평원인가, 또는 보병을 전개시킬 곳인가, 기병으로 단숨에 격파할 수 있는 곳인가를 알지 못하고는 싸울 수가 없는 곳이라고 했다. 즉 지리를 알아야 한다는 것이다.

　한 무제는 서역 평정을 국시로 삼았다. 먼저 흉노를 격멸하기로 하였으나, 강대한 흉노를 대적하려면 전부터 흉노를 원수로 생각하고 있는 대월씨와 손을 잡아야 한다고 생각하여 장건을 사신으로 보냈다. 그러나 흉노영내를 통과하지 않으면 대월씨에게 갈 수가 없었으므로 장건은 그곳을 지나다가 붙잡혀서 10여 년의 구류 생활을 하였다. 마침내 장건은 기회를 포착하고, 겨우 탈출하여 다시 서쪽으로 향하였다. 대완국, 키르키즈를 지나 아프가니스탄 북부를 경유하여 대월국으로 들어갔다. 결코 소기의 목적을 달성하였다고는 할 수 없었으나, 십수 년 동안 서역에서의 생활은 장건의 지식욕을 충족시키고도 남음이 있었다.
　후에 장건은 교위가 되어 대장군을 따라 흉노를 공격하였는데, 황야에서 수초가 있는 곳을 세세히 알고 있었기 때문에 군은 막힘없이 싸울 수 있었다. 그로 인하여 장건은 박망후에 봉해졌다. 이듬해 승진하였으나 숱한 실책을 범한다. 이광 장군과 함께 다시 흉노를 공격하였으나 전면 포위를 당하여 대패한 것이다. 이는 장건이 전투 날짜보다 훨씬 늦게 도착한 것이 원인이었다. 원칙대로 하자면 참죄에 해당되는 실책이었으나 서역통의 제1인자인 까닭에 특별히 용서받아 서민이 되었고, 그 후에도 무제에게 대책을 바쳐서 오손국 기타 서역 제국과 화친을 맺고 흉노 붕괴에 성공하였다. 싸움터를 구석구석까지 알고 있어서 어느 때 공격해야 한다는 것을 판단할 수 있다면 자기 지역을 멀리 떠난 적지라도 충분히 싸울 수 있다.

적의 병력을 분산시키면
승리할 수 있다

내 생각에, 월(越)나라의 군사가 비록 많다고는 하지만 그들은 결코 전쟁의 승패에 어떤 영향도 끼치지 못할 것이다. 그러므로 어찌 아군의 승리가 당연하지 않겠는가. 승리는 가능한 것이니 적이 비록 다수라 할지라도 병력을 분산시킬 수만 있다면 전쟁을 하지 못하도록 만들 수도 있다.

以吾度之 越人之兵雖多 亦奚益於勝敗哉
이 오 도 지 월 인 지 병 수 다 역 해 익 어 승 패 재

故曰 勝可爲也 敵雖衆 可使無斗
고 왈 승 가 위 야 적 수 중 가 사 무 두

장수는 전황을 판단할 수 있는 능력이 있어야 한다. 아군과 적군이 접전을 벌일 결전장을 예측할 수 있느냐 없느냐의 능력 차이로 승패가 좌우되기도 한다. 승리라는 것은 아군이 주도적으로 유인하는 방법에 따라 얻어지는 것이다. 적병 수만 명이 문제라면 아무리 상대가 많더라도, 계략을 써서 수십 곳으로 분산시킬 수 있다면, 그 대부분을 실제 전투에 참가시키지 않는 것과 같은 상황으로 만들 수가 있다. 우선 상대편을 충분히 관찰하여 여러 상태에 따른 결과를 꼼꼼히 계산하고 국소전을 벌여 봄으로써, 어떻게 움직여올 태세에 있는지 대체적인 방향과 경향을 알아내는 것이다. 분산의 장소를 늘리면 적군은 수많은 상대와 맞서는 것과 같은 어려움에 처하게 될 것이다.

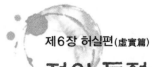
적의 동정을 정확하게 파악하라

그러므로 적정을 정찰하여 이해득실을 계산하고, 적군을 자극하여 그 반응으로 동정을 파악해야 한다. 적군의 명확한 태세를 조사하여 그들이 패배할 지형과 패배하지 않을 지형을 얻고 있는가를 파악해야 하며, 적군과 충돌을 일으켜 보아 병력의 우세 지역과 약세 지역을 알아내야 한다.

故策之而知得失之計 作之而知動靜之理 形之而知死生之地
고 책 지 이 지 득 실 지 계 작 지 이 지 동 정 지 리 형 지 이 지 사 생 지 지

角之而知有餘不足之處
각 지 이 지 유 여 부 족 지 처

● ● ● ● ● ●

적에 대하여 어느 정도의 진형을 보이고 살피면 어느 곳이 유리한 곳이고 불리한 곳인지를 알 수 있다. 또 상대와 이쪽을 비교 검토하기 위하여 소부대의 병력을 충돌시켜 본다. 상대의 움직임에 따라 어느 곳을 보강해야 하는지 또는 어느 곳에서 좀 더 힘을 빼야 좋은지를 파악할 수 있다. 따라서 그에 맞추어 충분한 태세를 갖추고 계획을 세우면 좋을 것이다.

예민한 관찰력과 그 활용 여하에 따라 적은 병력도 크게 사용할 수 있다는 점을 네 가지 예를 들어서 설명하고 있다. 관찰을 위해서는 양쪽의 군세를 접촉시켜 보는 것도 필요하다고 말하는 것이다. 조용히 멀리서 바라만 보고 있으면 알 수가 없다.

적당히 상대를 자극해 보고 그 반응으로 실태를 확인하는 것이 좋다. 물론 이것을 실행함에 있어서는 만전의 주의가 필요하다. 애써 군사를 출동시켰다가 오히려 이쪽이 노출되고 만다면 그야말로 혹 떼러 갔다가 혹 붙

이고 오는 격이 되고 말 것이다. 실마리가 잡히면 그 다음은 계산이다. 사방
팔방으로 모든 면에서 검토를 해 보고, 불필요한 곳에는 군사를 쓰지 말고
이곳이라고 생각되는 급소, 그것도 가급적이면 방비가 허술한 곳을 노려서
맹공을 가해야 한다는 것이다.

위나라 때 사마의가 요동평전에 출진하였다. 그런데 너무나 행동이 완만
하자, 사마진규가 물었다.

"옛날에 상용이 맹달을 공격하였을 때, 8개군을 동시에 진격시켜 주야로
쉬지 않고 공격을 하였습니다. 그렇기 때문에 겨우 닷새 만에 견고한 성을
함락시키고 맹달을 격파할 수가 있었습니다. 그런데 이번에는 멀리서 공격
하니 아주 한가롭지 않습니까? 저로서는 통 까닭을 알 수가 없습니다."

그러자 사마의가 대답하였다.

"맹달은 병력은 적었으나 양식은 넉넉하여 1년을 견딜 만큼 준비가 되어
있었다. 그러나 아군의 병력은 맹달의 4배나 되었으나 양식은 1개월 남짓
한 상태였다. 1개월분의 양식으로 1년분의 양식을 가진 적을 공격할 때는
급습을 하는 것이 당연하지 않은가. 한편 4배의 병력으로 공격하는 것이므
로, 가령 반으로 준다 하더라도 그때는 강경한 공격을 해야 한다. 그래서 사
상을 돌보지 않고 양식의 소모와 경쟁을 하듯 공격하였던 것이다. 그런데
이번에는 적군은 병력이 많고 아군은 적다. 그러나 적은 굶주리고, 아군의
양식은 충분하다. 비가 오므로 교전은 하지 않고 있으나, 적의 양식은 동이
나기 시작하고 있다. 이대로 아무것도 하지 않고 양식이 다 떨어지기를 기
다리는 것이 지당하지 않은가."

얼마 후 비가 그치자, 사마의는 주야를 불문하고 공격하여 드디어 요동
을 평정하였다. 적의 4배가 되는 병력은 아군으로서는 우세한 면이고, 적
으로서는 열세한 면이다. 1년분의 양식이 있는 것은 적의 우세한 면이고,
한 달치 밖에 없는 것은 아군의 열세한 면이다. 적의 병력이 많은 것은 적의

우세한 면이고, 적이 굶주리고 아군이 포식하고 있는 것은 아군의 우세한 면이다.

따라서 하나는 속공을 취하고, 하나는 지구전을 취하는 것은 거의 자명한 일인 것이다.

대개 싸움에 임할 때는 언제나 아군의 우세한 면으로 적의 열세한 면을 쳐야 한다. 그러므로 상호의 우세한 면과 열세한 면을 계산하지 않으면 안 된다.

제6장 허실편(虛實篇)

군대 진형(陣形)의 극치는 무형에 이른다

군의 형태의 극치는 남의 눈에 띄지 않는 무형의 것이다. 무형의 것이 되면 잠입한 간첩도 정상을 탐지하지 못할 것이고, 지모가 있는 자도 전략을 꾸밀 수 없다. 그 무형으로 인한 전승을 널리 여러 사람, 즉 병사들에게 보이더라도 군사들은 그 이유를 알지 못한다. 사람들은 모두 자기편이 승리한 때의 군의 형태는 알고 있으나, 어떤 방법으로 승리를 얻을 수 있었는가는 알지 못하게 해야 한다.

故形兵之極 至於無形 無形則深間不能窺 智者不能謀 因形而錯勝於衆
고 형 병 지 극　지 어 무 형　무 형 즉 심 간 불 능 규　지 자 불 능 모　인 형 이 착 승 어 중

衆不能知　人皆知我所以勝之形　而莫知吾所以制勝之形
중 불 능 지　인 개 지 아 소 이 승 지 형　이 막 지 오 소 이 제 승 지 형

⊗ • • • • • • •

승리를 가져다주는 변화무상한 전승의 진형은 두 번씩 반복될 수 없다. 상황에 따라 무한하게 바뀌어야 한다. 상대방에게 허점을 뚫리지 않으려면 뚜렷한 진형을 고수하지 말아야 한다.

"어, 저게 뭐지? 또 저건 뭐지?"

할 정도로 예측불가능하게 변화무상해야 한다. 즉 무엇이 무엇인지 모른다는 모습이야말로 진형의 극치가 될 것이다. 이쯤 되면 아무리 은밀하게 탐색을 해도 도저히 실체를 잡을 수는 없을 것이며, 일체가 일정하지 않으므로. 아무리 지모가 뛰어난 명장이라도 그 정체를 추측할 수 없게 만들 필요가 있다.

월나라 왕 구천이 오나라에 패하고 회계산에서 구원을 받아 돌아온 지 7년이 지난 때였다. 나라의 힘도 겨우 충실해지고 백성들은 구천에게 은혜

를 느껴서 오나라에 보복을 하려고 하자, 대부 봉동이 간하였다.

"우리나라는 이제 막 국세를 회복하여 상승하기 시작하였습니다. 여기서 다시 전쟁 준비를 시작한다면 오나라는 근심하고 반드시 공격해 올 것입니다. 맹금이 먹이를 공격할 때는 반드시 그 형을 숨기는 법입니다. 당분간은 오나라에 원한을 품고 있는 제(齊), 초(楚), 진(晉)나라 3국과 화친하도록 노력하고, 오나라에 대해서는 정중하게 대해야 합니다. 오나라 왕이 신이 나서 싸움을 가볍게 생각하게 되었을 때가 기회입니다."

그로부터 3년이 지났으며, 대부 종(種)이 월의 왕에게 간하였다.

"오나라 왕의 정치를 보고 있자니, 아무래도 근래 교만해진 것 같습니다. 식량을 빌려 달라고 청을 하고 실정을 탐지해 보십시오."

과연 오나라 왕은 월나라에 식량을 주었고, 월은 되었다고 생각하였다. 다시 3년이 지났다. 월의 왕 구천은 범려에게 물었다.

"이제 오나라를 공격해도 좋지 않을까? 오의 왕은 충신인 오자서를 죽이고, 그 후로는 아첨하는 자만을 상대하고 있다고 하는데……."

이에 범려는 아직 시기가 되지 않았다고 대답하였다.

다음해 봄, 오의 왕은 북상하여 황지라는 곳에서 제후를 모았다. 정병은 모두 왕을 따랐으므로, 오나라에는 노약자와 어린이만이 남아 있었다. 이에 때를 맞추어 범려는 기회가 왔음을 왕에게 고하였다. 월의 왕은 성난 파도와 같이 오나라로 진격해 들어갔다. 오의 군대는 대패하였다.

다시 4년이 지났다. 오나라의 정예는 거의 제와 진나라와 전투에서 전사하였고 백성은 피폐되어 있었다. 월나라는 이 기회를 놓치지 않고 오나라를 공격하여 각처에서 크게 격파시켰다. 오의 도읍을 3년 동안 포위하니, 오의 군대는 완전히 격멸당하였다. 마침내 오의 왕은 자살하고 월의 왕 구천은 20여 년의 복수를 끝냈다. 자기를 나타내지 않고 상대의 형세를 탐색하여 거기에 대응함으로써 드디어 승리를 한 것이다.

제6장 허실편(虛實篇)

한 번 사용한 전술은
다시 쓰지 않는다

그러므로 한 번 이긴 전술은 다시 사용하면 안 되고, 적의 형태에 따라 무궁무진한 전략
전술의 변화로 대응해야 한다.

故其戰勝不復 而應形於無窮
고 기 전 승 불 복 　 이 응 형 어 무 궁

· · · · · ·

　전쟁터에서 가장 좋은 진형은 따지고 보면, 전혀 형태가 없는 것이 아닐까 생각된다. 상대방에게 아무런 빌미도 허용하지 않기 때문이다. 최고의 진형은 자유자재로 변화하면서도 군 조직의 질서정연한 본질을 잃지 않아야 한다. 상대에게 노출되지 않는다는 것은 오히려 부차적인 것이다. 그러한 형이야말로, 진정한 전투형이라고 할 수 있다. 무형의 형태에서 다양하게 전술을 적용하다 보면, 기동력이 둔해져서 능률이 떨어지는 경우도 있다. 일사불란하게 움직이는 데 어려움이 있을 수도 있지만, 장수의 통솔력만 건재하다면, 적에게 조금의 틈도 보여주지 않을 수 있다.

무릇 군의 형태는
물의 이치를 따르라

무릇 군의 형태는 물과 같아야 한다. 물의 형세는 높은 곳을 피하고 낮은 곳으로 나아가는 것이고, 전쟁의 형세는 실(實)을 피하여 허(虛)를 치는 것이다. 물은 지형에 따라 흐름의 형태가 정하여진다. 군도 상황에 따라 승리의 방법을 통제하여 변화시켜야 한다.

夫兵形象水 水之行 避高而趨下 兵之形 避實而擊虛
부 병 형 상 수 수 지 행 피 고 이 추 하 병 지 형 피 실 이 격 허

水因地而制流 兵因敵而制勝
수 인 지 이 제 류 병 인 적 이 제 승

· · · · · ·

전쟁할 때의 태세를 물에 비유해 보면 알기 쉽다. 물이란 높은 곳으로는 흐르지 않는다. 반드시 낮은 곳으로 흐르는 것이다. 싸움도 이와 같아서 상대가 충실해 있는 곳은 가급적 피하고 방비가 허술한 곳을 공격하는 것이 순서이다. 또 물이란 지세에 따라 흐르는 모양이 결정된다. 군사도 이와 같아서 적의 형에 순응하여 이기는 방법이 결정되는 것이다.

군의 형태는
언제나 유동적이어야 한다

그러므로 군의 형태는 언제나 유동적이고, 물도 역시 언제나 고정되어 있지 않다. 적으로 말미암아 변화함으로써 승리를 거두는 것인데 그를 일컬어 신묘하다고 하는 것이다. 오행은 언제나 변화하고, 네 계절도 언제나 변화하여 고정되는 법이 없다. 해도 길고 짧음이 있고, 달도 기울고 차는 변화가 있다.

故兵無常勢 水無常形 能因敵變化而取勝者 謂之神 故五行無常勝
고 병 무 상 세　수 무 상 형　능 인 적 변 화 이 취 승 자　위 지 신　고 오 행 무 상 승

四時無常位 日有短長 月有死生
사 시 무 상 위　일 유 단 장　월 유 사 생

그러므로 군사의 태세에는 붙박여 있는 일정한 상태라는 것이 있을 수 없다. 이것은 물에 일정한 형이 없는 것과 같다. 따라서 상대에 따라 자유롭게 변화하고 자재로 승리를 제압하는 것은 진정 달인의 재주라고 칭할 만하다. 우주간의 오행은 항상 변화해 가고 1년 4계절의 기후도 그때그때 변화해 가는 것으로서 상태라는 것이 없고, 해도 여름이 있고, 겨울이 있어서 그 계절에 따라 길어졌다 짧아졌다 하며, 달도 둥글게 찰 때가 있고 기울 때가 있어서 하루하루 그 모습을 바꾸는 것이다. 다양한 전술로 물처럼 모양과 흐름을 바꾸어 응전하는 것, 이것이 전쟁의 진정한 모습이다.

제7장

군쟁편
軍爭篇

'군쟁'이란 군대를 써서 승리를 얻는다는 뜻이다. 즉 전투를 말한
다. 심리전에 있어서는 허실을 간파하여 주도권을 장악해야 한다.

승리를 쟁취하는 일보다
어려운 일은 없다

손자가 말하였다. 전쟁을 하는 방법은 장수가 군주의 명령을 받으면 군대를 소집하여 적과 진영을 맞대고 주둔하게 된다. 전쟁을 수행하여 승리를 쟁취하는 일보다 어려운 일은 없다.

孫子曰 凡用兵之法 將受命於君 合軍聚衆 交和而舍 莫難於軍爭
손 자 왈 범 용 병 지 법 장 수 명 어 군 합 군 취 중 교 화 이 사 막 난 어 군 쟁

마침내 전쟁이 시작되면 주장(主將)이 임명되고, 각종 군대와 병과(兵科)를 모아 편성하며, 가급적 필요한 사람을 징용한다. 그리고 한 곳에 군문(軍門)을 벌여 놓고 숙영한다. 여기까지의 일도 상당히 복잡하지만, 그 병을 움직여서 직접 교전을 시작할 경우에는 모든 것을 규합하여 경합하는 것만큼 어려운 일은 없다.

군쟁이란 말의 해석 방법에는 여러 가지 설이 있다. 동일 진영 내에서는 공명 다툼, 선진(先陣) 다툼, 노획품의 쟁탈전 등이 있을 것이다. 적에 대해서는 장수와 장수의 작전 경쟁, 그 간파 경쟁, 여러 용병의 경쟁, 기타 각종 경쟁도 있을 수 있다.

제7장 군쟁편(軍爭篇)

가까운 길을
돌아갈 줄도 알아야 한다

전쟁이 어려운 것은 우회함으로써 도리어 직행하여 앞지르고 해로운 것으로써 도리어 이로운 것으로 만들어야 하기 때문이다. 그리하여 일부러 길을 우회하며 유리함을 주는 듯이 하여 적을 유혹하고, 먼저 앞서는 사람은 우회함으로써 가까운 길을 곧게만 가는 것이 아니라 돌아갈 줄도 아는 우직지계의 병법을 알아야 한다.

軍爭之難者 以迂爲直 以患爲利 故迂其途 而誘之以利 後人發
군 쟁 지 난 자　이 우 위 직　이 환 위 리　고 우 기 도　이 유 지 이 리　후 인 발

先人至 此知迂直之計者也
선 인 지　차 지 우 직 지 계 자 야

❀ • • • • • •

군쟁이란 어려운 것으로서 방법 여하에 따라 멀리 돌아가는 길을 반대로 가까운 길로 갈 수도 있고, 손실 재난을 돌려서 이익으로 할 수도 있다. 원래 길을 멀리 도는 것은 손해이다. 그러나 일부러 돌아가라는 것은 거기에 어떠한 목적이 있기 때문이다. 상대에게 이쪽의 공격을 알리지 않는다는 것은 그 진행 속도를 모르게 하고 방향도 알리지 않는다는 목적이 있기 때문이다.

상대의 눈을 가리면 상대의 계획에는 반드시 파탄이 오고 만다. 상대에게 '이젠 됐다'는 생각을 갖게 해놓고, 실은 그 허점을 찔러서 샛길을 택하여 급습하거나 방심하고 있는 틈을 이용하여 시간을 버는 등 수단 방법은 많을 것이다.

노(魯)나라 애공(哀公) 17년, 월나라 왕 구천이 오나라를 공격하였을 때의

일이다.

월의 왕 구천은 군을 좌우로 나누어서 각각 북을 울리며 진격시켰다. 밤이 되어도 북 소리는 그치지 않았고 월나라 군사의 진격도 그치지 않았다. 당연한 일이지만, 오군(吳軍)에서는 이 북 소리에 따라 월의 군 소재를 알고 그 속도를 잰 다음에 역시 군을 좌우로 나누어서 만전의 방어태세를 갖추었다.

그런데 월왕 구천은 별개의 중군에게 은밀히 강을 건너게 하고, 북을 조용히 울리며 진격시키고 있었다. 제 3군을 눈치 채지 못하고, 좌우에 대해서만 만전의 방어 태세를 취하고 있던 오의 군대는 월의 중군이 갑자기 습격해 왔을 때는 완전히 주도권을 빼앗기고 말았다. 월의 좌우 양군에게 총공격을 당하여 궤멸상태에 빠진 것은 필연적인 결과였다.

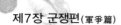
기선을 잡기 위해
군수물자를 버려야 할 때도 있다

그러므로 전쟁에 있어서 기선을 잡으려고 싸우는 것은 이롭기도 하고, 싸우는 군사들에게
는 위태롭기도 한 일이니, 전군(全軍)을 모두 합계 이끌고 가는 이로움을 쟁취하려면 목적
지에 이르지 못하게 되며, 일부의 군사를 남겨두고 유리한 것을 쟁취하려면 싸움터로 가
는 군수물자를 버려야 하는 것이다.

故軍爭爲利 軍爭爲危 舉軍而爭利 則不及 委軍而爭利 則輜重捐
고 군 쟁 위 리　군 쟁 위 위　거 군 이 쟁 리　즉 불 급　위 군 이 쟁 리　즉 치 중 손

물불을 못 가리고 저돌적으로 상대의 진 가운데에 위치한 중앙 부대를
돌파하는 것보다는 다소 멀리 도는 한이 있어도 이쪽에서 피하는 것이 손
해도 적고, 또한 적이 당연히 예측하지 못한 후면이나 측면을 찌르는 것이
므로 거기서 생기는 상대의 혼란도 기대할 수 있다. 그러기 위해서는 군수
물자를 포기하는 등의 약간의 손실은 감수해야 한다. 병사의 목숨을 희생
해야 하는 것은 큰 손실로서 안 되지만, 군수물자나 무거운 군량미 등의 손
실은 손익 계산에 따라 주저하지 말고 신속히 결정해야 한다.

행군하는 거리가 멀수록 전쟁은 불리하다

이러므로 갑옷을 걷어 올리고 달려서 밤낮을 쉬지 않고 평소 두 배의 길을 진군하여 백 리 밖에서 적과 승리를 다툰다면 장수 셋이 싸운다 해도 한꺼번에 사로잡힐 것이다. 강한 군사는 먼저 가지만 피로한 군사는 뒤처진다. 이러한 운용법으로는 군사의 10분의 1도 목적지에 도착하지 못할 것이다. 50리 거리를 경쟁하여 이동하여 이익을 쟁취하려고 하면 상장군이 넘어지고 도착한 군대는 반 정도로 줄어들 것이다. 30리를 가서 승리를 겨룬다면 군대의 3분의 2정도만 도착할 것이다. 그러므로 군대는 군수물자가 없어도 망하고, 식량이 없어도 망하고, 쌓아둔 물자가 없어도 패망한다.

是故卷甲而趨 日夜不處 倍道兼行 百里而爭利 則擒三將軍 勁者先 罷者後
시 고 권 갑 이 추　일 야 부 처　배 도 겸 행　백 리 이 쟁 리　즉 금 삼 장 군　경 자 선　파 자 후

其法十一而至 五十里而爭利 則蹶上將軍 其法半至 三十里而爭利
기 법 십 일 이 지　오 십 리 이 쟁 리　즉 궐 상 장 군　기 법 반 지　삼 십 리 이 쟁 리

則三分之二至 是故軍無輜重則亡 無糧食則亡 無委積則亡
즉 삼 분 지 이 지　시 고 군 무 치 중 즉 망　무 량 식 즉 망　무 위 적 즉 망

🌸 • • • • • •

　무거운 갑옷으로 완전무장한 채 밤낮없이 강행군을 하면 아무리 건강한 병사들이라고 해도 지칠 수밖에 없다. 그러므로 100리나 떨어진 곳에서 승부를 지으려고 하면 곧 무리가 생기기 때문에 세 장군 모두 포로가 되어 버리고 만다. 이렇듯 무리한 강행군이면 아주 강건한 자만이 앞서고, 지친 자는 점점 뒤처져서 목적지에 닿은 것은 겨우 10명에 1명 정도이고, 나머지는 낙오하거나 뒤늦게 도착하게 된다. 만약 50리의 거리라면 상장군, 즉 전위부대의 장수는 전사하고 제때에 도착한 병력은 반 남짓할 것이다. 그리고 30리의 거리라 하더라도 그 한계선까지 무리한 행군을 한다면 역시 3분의 2의 병력이 남고 3분의 1의 병력은 고스란히 줄어들 것이다.

이러한 강행군에는 가장 중요한 탄약이 제때에 도착되지 않기 때문에, 군사는 맨손으로 덤비는 꼴이 되어 달걀로 바위를 치는 꼴이 되고 만다. 군량미 경우도 같다. 배가 고파서는 싸움이 되지 않는다는 것은 동서고금을 통한 원칙이다. 그리고 현지에서 써야 할 군자금도 불충분할 것이다. 이쯤 되면 적을 이길 수 있는 방법은 없다.

지형을 잘 알아야
지리적인 이익을 얻는다

그러므로 제후의 계략을 모르는 자는 만약을 대비하여 미리 외교를 맺어 둘 수가 없고, 산과 험난한 숲과 늪과 못이 있는 지형을 알지 못하는 자는 군사를 행군시키지 못한다. 지형을 잘 아는 토착지의 길잡이를 사용하지 못하는 자는 지리적인 이득을 얻을 수 없다.

故不知諸侯之謀者 不能豫交 不知山林險阻沮澤之形者 不能行軍
고 부 지 제 후 지 모 자 불 능 예 교 부 지 산 림 험 조 저 택 지 형 자 불 능 행 군

不用鄕導者 不能得地利
불 용 향 도 자 불 능 득 지 리

도와주겠다는 호의를 가지고 인접국 등의 제후가 응원을 신청해 와도 행군시키는 법을 모르는 자라면 쉽게 허락해서는 안 된다. 조그만 부주의라도 민감하게 나타나는 법이다. 이를테면 산림 지대로 진군시키려고 할 때 어느 곳이 험하고 어느 곳이 습지대인지 자세하게 알고 있지 않으면 예정대로 군사를 이동시킬 수 없다. 그럴 때는 그 지방 사람을 길잡이로 쓰지 않으면 절대로 유리한 행동을 할 수가 없을 것이다.

인접국에서 단지 군사만을 빌려 준다면 실로 고맙지만, 거기에 전술에 능하지 못한 장수가 통솔자로 따라올 때는 문제가 많다. 이쪽과 똑같은 전술 지식이 있는 자라면 그래도 무방하나, 만약 그렇지 못할 때는 거추장스럽기만 하게 된다. 우왕좌왕하다가 오히려 패전이란 고배를 마시는 경우도 없지 않다.

수시로
다양한 전술의 변화를 주라

그러므로 전쟁은 적을 기만하는 것으로써 성립하고, 유리함을 좇아 행동하는 것이다. 병력을 분산시키거나 통합하는 등 수시로 변화해야 하는 것이다.

故兵以詐立 以利動 以分合爲變者也
고 병 이 사 립　 이 리 동　 이 분 합 위 변 자 야

손자의 병법 중에서도 대표적으로 유명한 문구인데, '풍림화산(風林火山)'이란 말은 병법의 대명사같이 여겨지고 있다. 따라서 싸움이란 먼저 상대의 눈을 어지럽게 하여 정체를 잡지 못하도록 행동을 일으키고, 다음에는 가장 유리한 조건을 향하여 움직여서 그 조건이나 상대의 움직임 여하에 따라 자유자재로 변화하여 분산 집합할 수 있는 용맹을 지녀야 한다.

당나라 때 안록산이 반란을 일으켜 옹구성이 포위를 당했다. 이때 성 내에 장순이라는 장수가 성을 지키고 있었다. 화살이 다 떨어지고 성이 함락당하기 일보직전이었을 때, 장순은 한 가지 계책을 생각해냈다. 그는 부하들을 시켜 천 개의 허수아비에 군복을 입혀 진짜 병사인 것처럼 꾸몄다. 그런 다음 허수아비 천 개를 새끼줄에 엮어 캄캄한 밤중에 성 밖으로 떨어뜨렸다. 이것을 본 적군은 진짜 병사인 줄 알고 수없이 화살을 쏘아댔다. 장순

의 계략에 완전히 말려든 것이다.

장순은 인형에 꽂힌 수만 개의 화살을 적에게 내보이며 자신의 계략을 과시했다. 그러나 이 계략은 다음 작전의 전주곡에 불과했다. 장순은 이번에는 볏집 인형 대신에 진짜 병사들을 성 밖으로 내려보냈다. 전에 한 번 속은 적군의 병사들은 이번에는 속지 않으려고 한 개의 화살도 쏘지 않았다. 성 밖으로 내려간 병사들은 반란군을 급습하여 크게 무찔러 버렸다.

속임수를 이용하여 상대방을 혼란시킨 후, 다음에 이를 역으로 이용했던 것이다. 허와 실을 교묘히 엇바꾸어 적을 혼란에 빠뜨리고 쳐부수는 책략이다. 수시로 다양한 전술을 활용할 줄 아는 자가 승리하는 것은 당연한 일이다.

질풍처럼 빠르게,
숲처럼 고요하게

그러므로 그 행동의 빠르기는 질풍과 같고 그 느리기는 숲처럼 고요하고, 쳐들어가는 것은 불처럼 기세가 왕성해야 한다. 움직이지 않을 때는 산처럼 진중하고, 숨기로는 어둠처럼 보이지 않게 하고, 움직일 때는 우레처럼 거세야 한다.

故其疾如風 其徐如林 侵掠如火 不動如山 難知如陰 動如雷霆
고 기 질 여 풍 기 서 여 림 침 략 여 화 부 동 여 산 난 지 여 음 동 여 뇌 정

꽃 • • • • • •

이 움직임을 구체적으로 말하면, 움직여야 할 기회를 잡거든 황야를 휩쓸는 강한 바람과 같은 속도가 있어야 하고, 정숙이 필요하다고 생각하였을 때는 마치 산림 속과 같이 고요해야 하며, 적지로 침입하였을 때는 마른 풀에 불이 붙듯 맹렬한 기세라야 한다. 또 자중을 요할 때는 큰 산이 흔들리지 않듯 침착성을 보여야 하며, 그늘에 숨어버린 듯 전혀 눈치 챌 수 없는 행동으로 상대를 공격하되, 벼락이 떨어지듯 격렬함이 있어야 할 것이다. 이것이 바로 용병하는 부장이 갖추어야 할 중요한 점이다.

제7장 군쟁편(軍爭篇)

노획물은 공정하게 분배해
민심을 얻으라

적의 고을을 약탈하여 무리에게 노획물은 분배해 주고, 땅을 점령하여 얻은 이익을 공정
하게 분배해야 한다. 먼저 우직지계(迂直之計)의 전략을 알고 있는 자가 승리한다. 이것이
군쟁의 법칙이다.

掠鄕分衆 廓地分利 懸權而動 先知迂直之計者勝 此軍爭之法也
약 향 분 중　곽 지 분 리　현 권 이 동　선 지 우 직 지 계 자 승　차 군 쟁 지 법 야

⠿ • • • • • •

　적지에 침입하면 약탈한 물자는 군사들에게 나누어준다는 뜻으로 해석
하고 있는 것이 많다. 그러나 이제까지 계속되어온 문장으로 미루어보아
그와 같은 해석은 어딘지 합당치 않은 듯한 느낌이 든다.

　전지(戰地)의 악습으로 공략지와 약탈 행위는 붙어다니는 듯 당시의 전투
에도 다분히 그러한 경향이 있었을 것이므로 혹 그 의미일지도 모른다. 그
러나 여기서는 차라리 적지에 침입하면 그곳의 땅을 토착인들에게 나누어
주어 가급적 이들을 위로하고 앞에서 나온 길잡이와 같은 현지인의 협력을
얻는 것이 중요하다고 해석하는 편이 이치에 맞을 것 같다.

　이러한 지역을 가급적 확대해 나가 이쪽에 편리한 장소를 분산 설치한다.
그러면 미지의 지역에 대해서도 각종 정보가 모이므로 이것을 비교검토하
여 경중을 정하고 행동으로 옮길 수가 있다.

　이처럼 아군의 계략을 선용하는 것이 승리로 통하는 길이요, 군쟁의 법이

라고 한다. 가령 적지라 하더라도, 그곳 주민은 제3자로서 자기 형편이 유리한 쪽으로 기울게 되는 것이기 때문에, 원하는 것을 주면 이쪽 마음대로 그 주민을 활용할 수가 있다.

　이것을 일러 실정을 모르는 적지로 들어갔을 때의 '우직의 계'라고 한다. 손자의 이와 같은 사고방식은 역시 실전 경험을 쌓은 사람이라면 누구나 동감할 것이다. 필요한 경우에는 먼저 주어야 한다. 가까운 길로 가려면 멀리 돌아가라는 반어적인 의미의 진의를 파악하여 활용하면 효과가 클 것이다.

제7장 군쟁편(軍爭篇)

전쟁에 징과 북과 깃발을 쓰는 이유

병서인 『군정(軍政)』에서 말하였다. '말해도 서로 들을 수 없으니 북과 징을 만들었고 보려고 해도 서로 볼 수 없으니 깃발을 만들었다.' 징과 북과 깃발은 병사들의 눈과 귀를 하나로 묶기 위해서이다. 병사들이 온전히 하나가 되면 용감한 자라도 홀로 진격하지 않고 겁많은 자라도 홀로 물러서지 않으니 이것이 무리를 운용하는 법칙이다. 그러므로 야간 전투에서는 불과 북을 많이 사용하고 주간 전투에서는 깃발을 많이 사용하니 이것은 병사들의 눈과 귀를 자유자재로 변화시키기 위해서이다.

軍政日 言不相聞 故爲鼓鐸 視不相見 故爲旌旗 夫金鼓旌旗者
군 정 왈 언 불 상 문 고 위 고 탁 시 불 상 견 고 위 정 기 부 금 고 정 기 자

所以一民之耳目也 民旣專一 則勇者不得獨進 怯者不得獨退
소 이 일 민 지 이 목 야 민 기 전 일 즉 용 자 부 득 독 진 겁 자 부 득 독 퇴

此用衆之法也 故夜戰多火鼓 晝戰多旌箕 所以變民之耳目也
차 용 중 지 법 야 고 야 전 다 화 고 주 전 다 정 기 소 이 변 민 지 이 목 야

● ● ● ● ● ● ●

군서에도 대군단에 대하여, 우렁찬 목소리의 호령이라 하더라도 철저하지 못하므로 징이나 북을 쓰며, 손짓으로는 도저히 전원이 볼 수 없으므로 기의 색깔이나 모양을 바꾸어서 신호를 한다고 쓰여 있다. 기나 북은 신호표지로서의 기능도 기능이지만 그것보다는 사람들의 이목이나 주의를 통일시키는 것이라는 점에 주목하지 않으면 안 된다.

군중이 하나로 통일되어 있는 한 특별히 무용에 뛰어나다고 하여 혼자 빠져나가 공을 세울 수도 없겠고, 겁쟁이라고 하여 혼자 도망칠 수도 없는 일이니, 오로지 개체로서 움직여야 한다. 이것이 민중을 쓰는 원칙이다. 군중은 개체의 집단이란 것뿐 아니라 군중 특유의 강력한 힘이 생겨나는 법

이다. 집단에 집중된 힘은 크다.

따라서 야전을 할 경우에는 필요 이상의 화톳불이나 횃불을 쓰고 힘껏 북을 치며, 낮 싸움에는 될 수 있는 한 기를 세움으로써 압도적인 기세를 보여 상대편 삼군의 기를 꺾고 상대편 장수의 마음에 동요를 일으키려는 일종의 심리작전이다.

통제된 집단력은 개인의 힘이 누적된 것이 아니라 완전히 별개의 것이다. 그 통제에는 기나 북처럼 집단에 맞는 지령방법이 취해지고 있다는데도 무엇인가 암시하는 것이 있는 듯하다.

제7장 군쟁편(軍爭篇)

왕성할 때를 피하고
나태해졌을 때 공격하라

그러므로 삼군의 기세를 빼앗을 수 있고 적장의 마음을 빼앗을 수 있는 것이다. 이 때문에 원래 군대는 아침에는 기력이 왕성하고, 낮에는 나태해지며, 저녁에는 기운이 돌아가고자 한다. 전투에 능한 자는 그 왕성한 때를 회피하고 나태했을 때 공격한다. 이것이 사기를 다스리는 방법이다.

故三軍可奪氣 將軍可奪心 是故朝氣銳 晝氣惰 暮氣歸
고 삼 군 가 탈 기 장 군 가 탈 심 시 고 조 기 예 주 기 타 모 기 귀

故善用兵者 避其銳氣 擊其惰歸 此治氣者也
고 선 용 병 자 피 기 예 기 격 기 타 귀 차 치 기 자 야

이와 같이 심리적인 움직임이란 무시할 수 없는 것이다. 아침에는 병사들의 기분이 충실하기 때문에 기운이 차 있고, 낮이 되면 아무래도 늘어지기 쉽다가 저녁이 되면 하루의 일이 끝났다는 것에 안심을 하게 된다. 따라서 병사를 잘 쓰는 사람은 이러한 병사들의 기분을 잘 파악하여 아침의 날카로움은 가급적 피하고, 대낮이나 저녁 때의 기분을 노려서 습격하는 것이다. 이는 비로소 기분이란 것의 움직임을 잘 이해하고 터득하였다고 볼 수 있다. 이 관찰에 따르면 오늘날 가장 능률이 오를 아침 출근 직후가 교통 혼잡으로 파김치가 되어 버린다는 것은 대단한 국가적 손실이다.

제7장 군쟁편(軍爭篇)

군대를 정비해
적의 혼란을 기다리라

잘 정비된 군대로써 혼란스러운 군대를 대적하고, 엄숙한 군기를 가지고 적의 해이함을 공격한다. 이것이 마음을 다스리는 것이다.

以治待亂 以靜待嘩 此治心者也
이 치 대 난 이 정 대 화 차 치 심 자 야

이쪽은 빈틈없이 통제되어 순조로운 상태를 유지하고 있으면서 상대가 비정상적인 상태가 되기를 서서히 기다리고 있거나, 이쪽이 만사 순조롭게 진행되고 있기 때문에 고요한 상태에 있으면서 상대가 떠들썩한 모습을 보이기를 기다리고 있는 것도 역시 인간 심리를 이용한 방법이다.

군대의 전투력을
축적해 두어야 한다

가까운 곳에서 원정해 오는 적군을 기다리며, 편안한 자세로 적군이 피로해지기를 기다리고, 포식한 뒤 적군의 굶주림을 기다린다. 이것이 군대의 체력을 다스리는 방법이다.

以近待遠 以佚待勞 以飽待飢 此治力者也
이 근 대 원 이 일 대 로 이 포 대 기 차 치 력 자 야

마음을 다스리는 것과 비교하면 앞서 말한 바 있듯이 이쪽은 근거리 이동으로 끝내고 상대가 멀리 고생을 하면서 오는 것을 기다린다든지, 이쪽은 애를 쓰지 않고 한가한 상태로 상대가 피로에 지치는 것을 대기하고 있다든지, 또는 이쪽은 식량급여가 만족한데 상대는 부족하여 고생할 때를 기다리는 것 등은 전력을 잘 안다고 할 수 있다.

심리적인 것과 전력적인 것을 대비한 것이다. 여기에 인용된 것은 앞서 여러 차례 등장하였던 것이므로 달리 해설할 필요는 없다. 이 두 가지가 작전의 주가 되어, 다음 조항 이하에서 설명되듯 구체적인 작전이 되는 것이다.

진형이 정비된 적군은 공격하지 말라

적이 깃발을 앞세우고 질서 정연하게 오면 맞서 싸우지 말아야 하고, 군진의 기세가 당당한 충실한 적군은 공격하지 않는다. 이것이 상황의 변화에 잘 대처하는 것이다.

無要正正之旗 勿擊堂堂之陣 此治變者也
무 요 정 정 지 기 물 격 당 당 지 진 차 치 변 자 야

후한 말, 조조가 업(鄴)을 포위하자 곧 원상이 구원하러 갔다. 이 사실을 알고 조조가 말했다.

"원상이 만약 큰길로 진격해 올 때는 피해야 한다. 그러나 서산 간도 쪽으로 오면 생포할 수 있다."

과연 원상은 서산 간도로 진격해 왔다. 조조의 군은 즉시 요격하여 원상의 군을 크게 격파하였다. 큰길을 정정당당하게 진형을 펴고 진격하는 군은 자신을 뒷받침하는 대단한 힘을 가지고 있음에 틀림없다. 간도를 남모르게 진격해 오는 기습대에 비하면 전혀 다른 힘일 것이다. 그것은 바로 무적의 힘이다. 아니, 무적일 뿐만 아니라 그 이상의 힘이다.

제8장
구변편
九變篇

    '구변'이란 아홉 가지 변칙을 말하며, 여기서는 상도(常道)와 변칙을 논하고 있다. 상도란 정도로서 가장 떳떳한 법칙이지만, 이 법칙만으로는 전쟁이 되지 않는 경우도 있다.

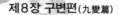

언덕을 등지고 있는 적을 치지 말라

그러므로 군대를 운용하는 방법은 다음과 같다. 고지를 점령하고 있는 적을 향하여 싸우지 말고, 언덕을 등지고 있는 적을 맞이하여 싸우지 말며, 거짓 도망치는 적을 쫓아가지 말아야 한다.

故用兵之法 高陵勿向 背邱勿逆 佯北勿從
고 용 병 지 법　고 릉 물 향　배 구 물 역　양 배 물 종

✿ • • • • • •

이와 같은 심리적, 전력적, 전략적인 요소를 뒤섞으면 앞으로 말하는 것들은 일체 금물이란 점을 알 수 있다.

첫째는 높은 산에 진을 친 적을 공격하는 것이다. 이는 산을 올라야 한다는 노력이 가해지므로 산 위에서 안일하게 있는 적보다 전력적으로 불리하다. 또 산 위에서 내려다보고 있으면 이쪽 편대나 움직임이 눈에 띄게 된다. 그런가 하면 내려다보고 있다는 사실 자체가 상대편에게 심리적으로 우위에 서게 할 것이다.

두 번째는 언덕 위에서 공격해 내려오는 적을 맞아 치지 말라는 것이다. 역시 똑같은 불리함이 있기 때문이다. 동시에 내리 밀리는 기세에 저항을 당하면 싫어도 적은 사력을 다하여 덤빌 것이다. 평소 이상의 전투력이 생겨난다.

세 번째는 위장퇴각이다. 이쪽을 유인하는 퇴각에 걸리지 말아야 한다는

것이다. 자칫 깊이 쫓다가는 적의 함정에 빠져서 포위되기 쉽기 때문이다. 이미 내리막길로 접어들어 어떻게든 만회해 보려고, 필사적으로 선전하고 있거나 이쯤에서 손을 떼려고 최후의 힘을 기울이는 모습은 활발한 양상을 외면적으로 보이는 것이니, 속는 쪽이 어리석기 짝이 없는 것이다. 마치 거짓 도망하는 자를 쫓는 격이다.

제8장 구변편(九變篇)

절대로
적을 궁지에 몰아넣어서는 안 된다

사기가 왕성한 부대를 공격하지 말며, 미끼처럼 이편을 유인하는 적병과는 교전하지 말라. 귀국하는 부대를 가로막지 말며, 적군을 포위할 때는 반드시 퇴로를 열어주고, 궁지에 몰린 적은 최후까지 몰아붙이지 않는다. 또한 고립된 지점에 머물러서도 안 된다. 이것이 군사들을 다스리는 방법이다.

銳卒勿攻 餌兵勿食 歸師勿遏 圍師必闕 窮寇勿迫
예 졸 물 공　이 병 물 식　귀 사 물 알　위 사 필 궐　궁 구 물 박

絶地勿留 此用兵之法也
절 지 물 류　차 용 병 지 법 야

상대편 진영 중에서도 유난히 사기가 충천해 보이는 부대는 정면으로 공격하지 않는 편이 좋다. 그러나 전면에 약한 군사를 배치하고 뒤에 강한 군사를 대기시켜 이쪽을 유인하려는 수단에 속아서는 안 된다. 특히 귀국 명령이 내려져 철수 준비를 하고 있는 부대를 막으면 귀국하는 데 정신이 뭉쳐 있으므로 뜻밖에 강한 힘을 발휘하게 되므로 이런 전투를 해서는 안 된다.

적을 포위할 때도 한쪽에는 반드시 도망갈 길을 터놓아야 한다. 만약 독 안에 든 쥐로 만들면 사력을 다하여 실력 이상의 힘을 발휘하기 때문에 이쪽의 손해도 커진다. 마지막으로 쫓기고 쫓겨 막다른 길에 빠져 버린 상대를 육박해서도 안 된다. 도망갈 길이 막힌 쥐가 고양이를 문다는 격으로 의외의 반격을 당하는 수가 있다. 이상에서 말한 용병법은 심리, 전력, 전략을 교묘하게 쓰는 실례이다.

돌아가는 군사를 방해하지 말 것과 포위할 때는 한쪽을 터놓을 것, 몰아붙인 적에게는 육박하지 말라는 세 가지 주의 등은 자칫하면 그 반대 해석을 할 수가 있다.

전쟁이란 언제나 그로 인하여 입는 손해를 최소한도로 막는 것이 첫째 조건이다. 이와 같은 배려가 없는 한 이겨도 이긴 것이 되지 않는다는 것을 알아야 한다. 삼면을 포위하더라도 한쪽만은 터놓아 절대절명의 궁지로 몰아넣어 탈출할 기회를 주어야 한다.

제8장 **구변편**(九變篇)

사지(死地)에서는 죽기살기로 싸워야 한다

손자가 말하였다. 무릇 싸우는 방법은, 장수가 군주의 명령을 받아 백성을 징집하여 군대를 편성하되, 지형이 좋지 못하여, 작전 행동이 곤란한 곳에는 주둔하지 말아야 하며, 교통의 요지로 외국 세력이 침투된 곳에서는 외교관계를 잘 맺어야 하며, 본국과의 연락과 생활이 불편한 곳에서는 오래 머무르지 않아야 하며, 사방이 둘러싸인 포위될 만한 지형에서는 조속히 빠져나갈 책모를 세우며, 사지에서는 죽기살기로 전투를 해야 한다.

孫子曰 凡用兵之法 將受命于君 合軍聚衆 泛地無舍
손 자 왈 범 용 병 지 법 장 수 명 우 군 합 군 취 중 범 지 무 사

衢地交和 絶地勿留 圍地則謀 死地則戰
구 지 교 화 절 지 물 류 위 지 즉 모 사 지 즉 전

⊛ • • • • • •

수레와 말도 지날 수 없을 정도로 진퇴가 부자유한 토지에는 숙영하지 않는 것이 좋다. 반대로 인접국과의 교통 요충지역에서는 그 인접국과의 접촉에 만사 조심하여, 보조를 잘 맞추어야 한다. 또 인가에서 멀리 떨어진 불모의 토지에서 오래 머무르는 것은 금물이고, 출구가 적고 사방이 산과 강으로 둘러싸인 지세에서는 만일을 대비해야 한다. 부득이한 사정으로 진퇴가 여의치 않은 곳으로 들어갔을 때는 전력을 다하여 싸우는 수밖에 없다.

입지조건을 중시하고, 그것에 맞추어서 적당한 조치를 취하는 것이 중요하다는 말이다. 평이하게 표현하면 하나만을 알고 고집한다는 것은 잘못이다.

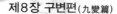

제8장 구변편(九變篇)
공격은 가려서 해야 한다

길에도 가서는 안 되는 길이 있고, 적군이라도 공격해서는 안 될 적이 있으며, 성도 공격해서는 안 될 곳이 있다. 땅에도 다투어서는 안 될 지형이 있고, 군주의 명령이라도 받아들여서는 안 될 명령이 있다.

途有所不由 軍有所不擊 城有所不攻 地有所不爭 君命有所不受
도 유 소 불 유　군 유 소 불 격　성 유 소 불 공　지 유 소 부 쟁　군 명 유 소 불 수

전쟁터로서 적당하다고 생각되는 곳, 혹은 점령할 수 있는 영토라도 손을 대서 좋은 것은 아니다. 극단적으로 말하면 아무리 왕의 명령이라도 때와 장소에 따라 정반대의 행동을 취하지 않으면 안 될 긴급하고 변칙적인 사태도 있는 법이다. 그러므로 이럴 때는 반드시 이렇게 하지 않으면 안 되는 것, 또는 반드시 이럴 때는 이렇게 해야 하는 것이라는 공식을 정해놓고 그것에 따르는 것은 위험하다. 필요한 융통, 변화, 대응책이란 것은, 즉석에서 예리한 판단에 의하여 취해지지 않으면 안 된다.

춘추 전국 시대 때 제나라의 맹상군이 식객인 풍환에게 빌려 준 돈에 대한 이자를 받아 올 것을 의뢰하였다. 풍환은 설(薛)로 가서 우선 술을 빚고 소를 샀다. 그리고는 맹상군의 돈을 빌려 쓴 사람들을 불러 말했다.

"이자를 낼 수 있는 사람은 다 오너라. 또 이자를 낼 수 없는 사람도 다 모

여라. 차금증서를 가지고 오너라."

사람들이 다 모이자 소를 잡고 술을 냈다. 술이 얼큰하였을 때, 증서를 꺼내 일일이 대조를 하고 이자를 낼 수 있는 자에게는 반환 기한을 약속하고, 가난 때문에 이자를 내지 못하는 자에게는 그 증서를 회수하여 불태워 버리며 말하였다.

"맹상군이 돈을 빌려준 것은 영민 중에서 돈이 없는 자에게 본업을 하도록 하기 위해서였소. 이자를 받는 것은 식객들을 돌보는 비용이 부족하기 때문이오. 그런데 이미 부유해진 자에게는 반환 기한을 정하고, 빈궁한 자에게는 증서를 불태워 버렸소. 여러분, 어서 많이들 드시오. 주군께서 이토록 맘을 쓰시고 계시니, 어찌 배반할 수 있겠소"

이 말에 모든 사람들은 일제히 일어나서 절하였다. 그러나 맹상군은 이 소식을 듣고 화가 치밀어 그를 불러 문책하였다.

"선생은 소를 잡고 술을 준비하여 채무자들을 실컷 먹이고 증서를 불태워 버렸다는데 도대체 어찌할 셈이오?"

"그렇습니다. 쇠고기와 술을 많이 준비하지 않으면 사람을 다 불러 모을 수가 없고, 따라서 여유 있는 자와 가난한 자를 구별할 수 없었기 때문입니다. 여유가 있는 자에게는 반환 기한을 정하였습니다. 가난한 자는 증서를 내밀고 10년을 재촉해 봐야 이자만 늘고 결국 도망쳐 버립니다. 지금이야말로 백성을 격려시켜 주군의 명성을 빛낼 기회가 아닙니까? 그래서 결국은 쓸모가 없게 될 헛 증서는 태우고 설(薛)의 백성들을 주군에게 끌어 들임으로써 주군의 명성을 나타내려고 한 것입니다. 그래도 납득이 가지 않으십니까?"

맹상군은 손뼉을 치며 사과하였다. 풍환은 군명을 어기고 군명을 나타낸 것이다.

구변(九變)의 전술을 활용하라

그러므로 장수로서 아홉 가지 전투 변화의 이익을 통달하고 있으면 용병에 능란하다 할수 있다. 장수가 아홉 가지 변화의 이익에 능하지 못한 자는 비록 지형을 알고 있다 하더라도 지형의 이익을 얻지 못할 것이다. 군을 통솔함에 있어 아홉 가지 전술을 활용하지 못하면 비록 다섯 가지 이익을 알고 있다 하더라도 군대를 충분히 전쟁에 응용할 수가 없다.

故將通于九變之利者 知用兵矣 將不通于九變之利 雖知地形
고 장 통 우 구 변 지 리 자 지 용 병 의 장 불 통 우 구 변 지 리 수 지 지 형
不能得地之利矣 治兵不知九變之朮 雖知地利 不能得人之用矣
불 능 득 지 지 리 의 치 병 부 지 구 변 지 출 수 지 지 리 불 능 득 인 지 용 의

· · · · · ·

구변(九變)이란 이편의 제목으로도 쓰이고 있으나, 이상 설명한 아홉 가지, 즉 비지, 구지, 절지, 위지, 길, 군사, 성, 땅을 가리키며, 최후의 군명(君命)이란 덧붙여진 결문(結文)으로서 예외로 취급하는 것이 아닌가 생각된다. 구변 중에서 우리 편의 이해를 제약하는 '길' 이하의 다섯이라고 하는 설과 최초의 비지 이상 사지까지의 다섯이라고 하는 설 등 여러 가지 견해가 있으나, 앞에서도 말한 바와 같이 화, 목, 토, 금, 수의 오행에서 오류과 오상 등 무엇이든 기본적인 법칙을 다섯으로 묶던 당시의 중국 사상에서 판단하면 이해를 규정하는 기본이라고 해석해도 좋지 않을까. 따라서 이 글의 뜻은 이러한 구변의 이로움, 즉 당면한 정세에 응하여 자유자재로 변통할 줄 아는 사람이며, 만약 이 이론이나 방법이 몸에 배어 있지 않으면 지리와 지형에 관한 자세한 지식이 있어도 그것을 활용할 줄 모르고, 군 운영에 대해서도 기본적인 법칙은 이해하고 있으면서도 실은 아무 소용이 없다는 것이 된다.

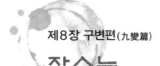

제8장 구변편(九變篇)

장수는
이익과 손실을 아울러 생각한다

그러므로 지혜 있는 장수는 머릿속에 반드시 이익과 손실을 아울러 염두에 둔다. 이익을 계산해 두면 하는 일에 소신을 가질 수 있고, 손실을 계산해 두면 환난을 방지할 수 있을 것이다.

是故智者之慮　必雜于利害　雜于利　而務可信也　雜于害　而患可解也
시 고 지 자 지 려　필 잡 우 이 해　잡 우 리　이 무 가 신 야　잡 우 해　이 환 가 해 야

진정 지모(知謀)가 있는 사람의 계획에는 자기에게 유리한 조건만을 내세우지 않고, 다소 불리한 줄 알면서도 일을 꾀하므로, 비로소 일에 손실이 생기는 것이다. 바꾸어 말하면 불리한 조건에 직면하였다 하더라도 적당히 유리한 조건을 가미하면 뜻밖에 재난이 되지 않는다고 말할 수 있다. 불리한 상황도 처치 여하에 따라서는 유리하게 전개되기도 하기 때문이다.

월나라의 왕 구천과 함께 오나라를 멸망시킨 범려는, 만년을 제나라에서 보냈다. 이름을 고쳐 주공이라 하고, 농업과 목축으로 수억의 재산을 모았다. 제나라에서 출생한 주공의 막내아들이 장년이 되었을 때, 차남이 사람을 죽이고 초나라에서 잡혔다. 주공은 처음에 막내아들을 보내어 둘째아들을 구하려고 하였다.

"막내를 보내는 것은 내가 불초한 탓이다."

장남이 스스로를 탓하며 자살을 꾀하여, 할 수 없이 장남을 파견하기로 하였다. 주공은 막대한 황금과 한 통의 편지를 친교가 있었던 초나라의 장생에게 전하도록 명하고 말하였다.

"장생이 하는 대로 내버려 두고, 너는 보고만 있거라."

장남은 초나라에 도착하자 장생을 찾아 편지와 황금을 전부 내놓았다. 그러나 장남은 너무 초라한 집에 살고 있는 장생을 믿을 수가 없어서 따로 초의 권력자를 찾아가 숨겨 가지고 온 돈을 헌상하였다. 장생은 초나라의 왕조차 그를 스승으로 존경하는 터였다. 장생은 주공의 편지를 보고 나서 왕을 알현하고 말하였다.

"불길한 징후입니다."

초의 왕은 덕을 닦을 셈으로, 대사(大赦, 죄를 면제함)를 펴려고 하였다. 그런데 앞서 장남에게서 황금을 받은 권력자가 이 사실을 알고 장남에게 알렸다. 대사가 내리면 동생은 살게 될 것이므로 장남은 장생에게 준 황금이 아까워서 다시 장생을 찾아갔다.

"동생은 자연히 용서받게 되었습니다."

장생은 장남의 말에 곧 돈을 돌려주고 나서 재차 왕에게 아뢰었다.

"백성들이 대사면은 주공의 뇌물 때문이라고 말하고 있습니다."

결국 주공의 차남은 사형당하고, 이튿날 대사령이 선포되었다. 주공은 장남을 보낼 때 이미 그렇게 될 줄을 알고 있었다.

"장남은 나의 젊은 시절을 알고 있으므로, 재화를 버리는 것을 큰 일로 생각하고 있다. 반면 막내는 태어나면서부터 부유한 것을 보고 자랐으므로 재보를 버리는 것을 아까워하지 않는다. 막내를 초나라로 보내려고 했던 것은 그가 서슴지 않고 재보를 버릴 수 있기 때문이었다. 장남에게는 그렇게 할 재주가 없다. 그래서 그만 차남을 죽이고 말았구나."

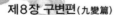

제후가 협력하게 하려면
이익을 주어 유인하라

그러므로 적의 제후를 약점을 찔러 굴복시키고, 일로써 제후가 쉬지 못하도록 부리며, 이익을 주어 제후가 달려 나오게 해야 한다.

是故屈諸侯者以害 役諸侯者以業 趨諸侯者以利
시 고 굴 제 후 자 이 해   역 제 후 자 이 업   추 제 후 자 이 해

똑같은 이치로 언제 적의 편으로 돌아설지, 언제 아군 편을 들지 향배가 불분명한 제후를 다루고자 할 때, 철저하게 굴복시키려면 상대의 불리한 약점을 찔러서 그것이 눈앞에 아물거리게 해야 한다.

또 만약 일을 돕도록 만들려면 양쪽의 이익이 될 일을 시키는 것이 가장 좋다.

또한 급히 달려들게 하려면 특별히 유리한 조건을 주어야 한다. 이해니 유리, 불리니 하는 것은 이처럼 입지조건이나 사용법에 따라 달라지는 것이다.

유리한 조건이니 불리한 조건이니 하는 것은 그 사용법이 있다.

자기에게 유리한 것만을 택하여 자기만이 혜택을 독점하려고 한다면 도저히 큰 일은 할 수 없다.

경우에 따라서는 남에게 손해되는 일만 당하게 하여 이쪽에 대해서는 손

발도 내놓지 못하게 할 수도 있으나, 그것은 최악의 경우 양립이란 것은 전혀 생각지 않을 때이다.

그밖에는 이쪽도 유리하고 상대도 유리한 것이 좋다.

특히 급하게 남의 협력이 필요할 때는 이쪽 조건에 다소 불리한 점을 감안하고 대국적인 큰 이익을 쥐도록 하는 것도 필요하다.

제8장 구변편(九變篇)
적이 공격하지 못하도록
방비태세를 갖추라

그러므로 용병의 방법은 적이 오지 않을 것으로 믿지 말고, 언제 와도 맞서 싸울 수 있는
아군의 방비 능력을 믿어야 하며, 적이 공격하지 않으리라 믿지 말고 공격해 오지 못하도
록 하는 아군의 방비 태세를 믿어야 한다.

故用兵之法 無恃其不來 恃吾有以待也
고 용 병 지 법　무 시 기 불 래　시 오 유 이 대 타

無恃其不攻 恃吾有所不可攻也
무 시 기 불 공　시 오 유 소 불 가 공 야

많은 사람에게 애용되는 문구이다. 적은 아마도 오지 않을 것이라는 희망
적 관측을 믿지 말고, 언제 와도 좋다는 준비가 되어 있음을 믿지 않으면 안
된다는 것이다. 한 걸음 전진시켜서 말하면 아마 공격하지 않을 것이라는
생각보다는 공격을 당해도 문제없다는 준비를 하는 것이 좋다는 뜻이다.

전자를 돈키호테형, 후자를 햄릿형이라고 하는데, 인간은 누구나 돈키호
테 같은 소질을 조금씩은 가지고 있다고 한다. 그 때문에 자칫하면 오지 않
음을 믿고 싶어 한다. 그러면서도 그러한 준비 없음에 대하여 천연스런 사
람일수록 한번 재난을 만나면 그 순간 피해망상적이 된다고 한다. '어떻게
되겠지'라는 것도 오지 않음을 믿는 부류이다. 할 일을 다 해놓고 어떻게
되겠지, 즉 진인사대천명(盡人事待天命)이면 좋으나, 아무 준비도 없이 그저
우연이나 요행을 믿는다면, 아마 아무것도 이룰 수 없을 것이다.

제8장 구변편(九變篇)

장수에게 있는
다섯 가지 잘못을 잘 살펴라

장수에게는 다섯 가지의 위험이 있다. 필사적으로 싸우는 자는 죽기 마련이다. 기어코 살겠다는 자는 포로가 되기 마련이다. 성미가 급한 자는 기만을 당하기 마련이다. 청렴하고 고결하고자 하면 치욕을 당할 수가 있고, 사람을 아끼는 마음에 집착하면 번민하게 된다. 무릇 이 다섯 가지는 장수의 허물이며 용병의 재앙이다. 군을 복멸시키고 장수를 죽이니 다섯 위기는 반드시 살피지 않으면 안 된다.

故將有五危
고 장 유 오 위

必死可殺也 必生可虜也 忿速可侮也 廉潔可辱也 愛民可煩也
필 사 가 살 야 필 생 가 로 야 분 속 가 모 야 염 결 가 욕 야 애 민 가 번 야

凡此五者 將之過也 用兵之災也 覆軍殺將必以五危 不可不察也
범 차 오 자 장 지 과 야 용 병 지 재 야 복 군 살 장 필 이 오 위 불 가 불 찰 야

전쟁을 지휘하는 장수에게는 다섯 가지 경계를 요하는 위험이 수반된다. 먼저 목숨을 걸고 싸움을 시작하였을 경우 목숨을 잃을 가능성이 크다. 반대로 반드시 살아서 돌아가겠다는 생각으로 덤비면 포로가 될 가능성이 있다. 그리고 화를 잘 내면 적에게 얕잡아 보인다. 또 청렴결백을 내세우고 나서면 적은 그에게 모욕을 가한다는 비상수단을 쓸 것이고, 민중을 사랑하여 그것에만 정신을 쓰고 있으면, 적은 그 민중을 괴롭히는 수를 쓰게 된다. 오위가 생기는 것은 지휘관의 편견에 따른 고집이 있기 때문이다. 그때그때의 이러한 지휘관의 성격까지도 고려해야 한다는 경고이다. 전쟁은 어디까지나 지엄한 것이다.

남조 송나라의 무제 유유는 진(晉)나라의 안제 때 역적을 평정하고 태수가 되었다. 당시 환현이란 자가 맹주가 되어, 군사를 일으키고 안제를 내쫓고 나서 스스로 왕이라 칭하였으므로 유유는 쟁영주에서 돌아서게 되었다. 유유 측의 군사는 수천 명에 지나지 않았고, 환현의 군사는 막강한데다 수효 또한 굉장하였다. 그러나 그 대장은 패배를 겁먹고 도망갈 궁리를 했기 때문에 병사들도 전혀 사기가 나지 않았다. 유유의 군사가 이 사실을 눈치채고 바람을 이용하여 불을 놓고 날카롭게 공격을 하자 환현의 군은 대패하였다. 장군이 목숨만을 아끼고 싸울 태세를 보이지 않으면 군사의 사기가 오를리 없다

까닭도 없이 그저 화를 잘 내는 사람도 제어하기 쉽다. 외골수로 화를 잘 내고, 주위의 선동으로 출격하였다가 한번에 패배한 요양이 27세의 젊은 나이에 살해된 것은 가장 좋은 보기일 것이다.

촉나라와 위나라의 대회전은, 위수와 기산에 제갈공명이 진을 치는 데서부터 시작한다. 그 군세는 34만 명이요, 이에 대하여 사마중달은 40만 명의 위군을 이끌고 출진했다. 공명은 중달을 겁쟁이라 깔보고 계속 욕을 보이며 유인하였다. 좀처럼 응하지 않던 중달이 드디어 화를 냈을 때, 이것을 진정시킨 것은 위제의 사신 신비였다. 명장 사마중달도 굴욕에는 견디지 못했던 것이다.

제9장

행군편
行軍篇

'행군'이란 군대의 행진이나 전투에 있어서의 행진, 주둔, 정찰, 작전과 통솔 등 모든 것을 널리 포함하고 있다. 손자는 지형과 전투 배치를 네 가지로 구분하였다. 산악지대, 하천지대, 저습지대, 평지에 따라 전투배치는 각각 달라야 한다고 하였다. 이 행군편은 전투에 임하는 최후의 주의 사항인 것이다.

제9장 행군편(行軍篇)

산악전에서
지켜야 할 원칙

손자가 말하였다. 무릇 전투는 아군의 군진을 정비한 다음 적정을 관찰한다. 산을 넘을 경우에는 계곡을 의지해야 하며, 전망이 트인 고지를 차지해야 한다. 적이 고지에 있으면 올라가지 말아야 한다. 이것이 산악전의 원칙이다.

孫子曰 凡處軍相敵 絕山依谷 視生處高 戰隆無登 此處山之軍也
손 자 왈　범 처 군 상 적　절 산 의 곡　시 생 처 고　전 륭 무 등　차 처 산 지 군 야

⠿ ・・・・・・

아군을 배치하고 동원하려면 언제나 적과의 관계라는 것을 염두에 두지 않으면 안 되나, 그것을 여러모로 나누어서 생각해 보기로 하자.

우선 산에 있어서의 군사 배치이다. 산등성이를 넘어서 저지대를 내려와 골짜기를 앞으로 하되, 분산하지 않도록 평행되게 진을 쳐야 한다. 배후는 산을 요해(要害)로 골짜기를 자연의 해자로 삼을 수 있을 뿐만 아니라, 물이나 말먹이로서의 풀도 자유로이 얻을 수 있기 때문이다. 또한 가급적이면 초목이 무성한 곳을 잡아야 하지만 적보다는 반드시 높은 곳이어야 한다는 점을 잊지 않도록 해야 한다.

그 까닭은 앞에서도 수차 설명한 바와 같이 고지에 있는 적을 향하여 기어 올라가 싸우는 것은 절대 금물이기 때문이다. 이것이 산지로 군사를 움직였을 때의 주의점이다.

행군편은 군의 배치에 관한 것으로, 이 조항은 산지전이다. 대단히 설전

190 •

적인 구체론으로 여기서 무엇인가를 배우려면 무리한 억지를 부릴 수밖에 없겠다. 그것은 쓸데없는 헛수고일 뿐 아니라 자칫하면 어림도 없는 과오를 범하게 되므로, 오직 깨달아야 할 것은 언제나 자연환경과 싸우는 자의 인간으로서의 조건, 즉 생리적, 심리적인 것이 충분히 고려되고 있다는 점이다.

물을 건넌 뒤에는
반드시 물에서 떨어지라

물을 건너면 반드시 물에서 멀리 떨어져야 한다. 적이 강을 건너오면 강물 속에서 맞아 싸우지 말고 반쯤 건너오게 한 다음에 공격하면 유리하다. 싸움을 하려고 한다면 물가에 붙어서 적을 맞아 싸우지 말고, 나무가 무성한 높은 곳에 진을 쳐야 한다. 또 하류에서 상류의 적을 공격해서는 안 된다. 이것이 물에서 군대가 행동하는 방법이다.

絶水必遠水 客絶水而來 勿迎之於水內 令半濟而擊之利 欲戰者
절 수 필 원 수　객 절 수 이 래　물 영 지 어 수 내　영 반 제 이 격 지 리　욕 전 자

無附於水而迎客 視生處高 無迎水流 此處水上之軍也
무 부 어 수 이 영 객　시 생 처 고　무 영 수 류　차 처 수 상 지 군 야

이미 강을 건넜다면 우물쭈물 하지 말고, 곧 멀리 물러서야 한다. 후속 부대가 건너오는 것을 방해할 뿐 아니라, 배수(背水)라는 것은 결사전을 시도하는 최후의 수단이므로, 후퇴의 자유가 없는 곳에서는 오래 머물러 있는 법이 아니기 때문이다. 상대편이 강을 건너 밀려올 때 전원이 물 속에 있을 때라면 손을 써서는 안 된다. 일부가 건너오고. 일부가 아직 물 속에 남아 있는 어중간한 상태에서 이미 상륙한 일부의 부대가 안도의 한숨을 쉬며 긴장을 풀었을 때 습격하면 후속 부대는 물 속에 있으므로 구원도 뜻대로 신속하게 할 수 없기 때문에 올라오는 적을 조금씩 쓸어 없앨 수가 있다. 한 군데 집결되어 있지 않은 적은 약하다는 원칙에서 이점은 당연하다.

또 이러한 상황에서 적과 싸우려면 절대로 물가에 버티고 서서는 안 된다. 왜냐하면 상대는 손해라는 것을 알면서 무리하게 강을 건너지는 않기 때문이다. 따라서 한 걸음 물러나 숨어 있다가 앞에서 말한 대로 반쯤 건넜을 때

물가에 나타나 급습해야 한다. 이때도 또한 산의 경우와 마찬가지로 나무나 풀이 나 있는 조금 높은 곳에서 상대의 동정을 자세하게 내려다보면서 기회를 잡아 쳐내려가는 것이 좋다. 그리고 적의 하류에 진을 치고 상류에서 몰려오는 적을 맞아 치는 태세라면 손해이다. 물은 당연히 높은 곳에서 낮은 곳으로 흐르므로, 이 공격행동의 고저 문제는 앞에서 말한 바와 같다.

당나라 고조 때 설만균은 나예와 함께 범양성에서 유연 일대를 지키고 있었다. 반드시 충분한 병력도 아니었고 또한 견고한 성도 아니었는데, 두건덕이 10만 명의 군사를 이끌고 범양성으로 진격해 왔다. 설만균은 나예와 의논하였다.

"병력으로 말하면 도저히 불가능하다. 지금 만약 성을 나가서 정면으로 싸우면 아마도 백전백패할 것이니, 결국 계략으로 이기는 수밖에 없다. 그래서 약병약마(弱兵弱馬)로 하여금 강을 사이에 두고 성을 등진채 진을 치게 하여 적을 유인하고자 한다. 적이 만약 강을 건너 교전하려고 하거든 귀공은 정예의 기병 100기를 성 옆에 숨겨 두었다가 적이 반쯤 건너왔을 때를 노려 공격해 주게."

나예는 설만균의 계략에 따랐다. 과연 두건덕의 군사가 강을 건너오기 시작하자 반쯤 건넜을 때 나예는 맹공격을 감행하여 크게 격파하였다. 아마도 손자 시대에는 강이 가장 구체적인 장애물이었을 것이다. 무릇 강뿐만 아니라 장애물을 통과하려면 상당한 힘을 그 장애물과의 격투에 쏟지 않으면 안 된다. 즉 그만큼 전력은 저하하게 되는 셈이니, 그때야말로 적을 격파할 수 있는 절호의 기회라고 손자는 말하고 있다. 그러나 상대가 강을 건너지 않으면 그러한 기회는 생기지 않는다.

춘추시대 진(晉)의 장군 양처보가 초나라 장군 자상과 강을 사이에 두고 맞섰다. 양처보가 초의 군에게 강을 건너게 하려고 진을 거두어 퇴각 태세를 취하자, 자상도 후퇴를 하였다. 오히려 진의 군에게 강을 건너게 할 생각이었다. 결국 양군 모두 강을 건너지 않아 싸우지도 않고 그냥 돌아갔다. 싸움에 있어서 자기가 강을 건너면 불리하고, 상대가 강을 건너면 유리하다는 것은 양처보나 자상이 아니더라도 쉽게 알 수 있는 일이다.

그렇다면 상대가 강을 건너기를 기다리지 말고 기발한 계책을 꾸며 억지로라도 상대로 하여금 강을 건너게 하지 않으면 안 될 것이다.

한신은 제나라를 공격해서 임치를 평정하자, 도망친 제나라 왕 전광을 추격하여 고밀서쪽에 이르렀다. 그런데 초나라에서 용저를 대장으로 삼아 20만 명의 대군을 파견시켜서 제나라를 도우려고 왔으므로, 제의 왕 전광은 용저와 군을 합쳐서 한신과 싸우려 하였다. 잠시 후 한신의 군사가 도착하자, 양군은 유수를 끼고 진을 쳤다.

밤이 되자 한신은 1만 개가 넘는 포대에다 토사를 넣은 토낭을 만들어서 유수의 상류를 막게 하였다. 그리고 날이 밝아질 때 군사를 이끌고 이미 물이 빠진 유수를 건너서 용저의 군사를 습격하였다. 용저의 군사가 반격하자 한신의 군사는 지는 척하고 도망쳐 돌아왔다. 용저는 그 관경을 보고 크게 기뻐하며 말하였다.

"한신이 겁쟁이란 것은 오래 전부터 알고 있었다."

곧 추격 명령과 함께 전군이 말라버린 강바닥으로 들어가자, 한신은 번개같이 흐름을 막고 있던 토낭벽을 터놓았다. 물이 내리쏟아져 용저의 군사는 그 자리에 못박히고 말았다. 때는 왔다고 급습을 가한 한신이 어렵지 않게 용저를 죽이니, 유수 동쪽 언덕에 남아 있던 용저의 군사는 그 광경을 보고 패주하고, 제의 왕 전광도 도망쳤다. 그러자 한신은 도망치는 적을 쫓아 드디어 성양에 이르러 초의 군사 전부를 포로로 삼았다. 한신은 인위적으로 강을 말렸다가, 적이 마른 강을 틈타 건너 올 때 다시 인위적으로 강을 재현시켜서 적병이 강을 건넌 것과 같은 효과를 가져온 것이다.

제9장 행군편(行軍篇)

늪지와 같은 습지대는
빨리 지나가야 한다

늪과 연못으로 둘러싸인 습한 땅을 가로질러 갈 때는 가능한 한 머무르지 말고 빨리 지나가야 한다. 부득이 그런 곳에서 싸울 경우에는 반드시 수초에 의지하고 숲을 등지고 싸워야 한다. 이것이 소택지에서 전투하는 원칙이다.

絕斥澤 惟亟去無留 若交軍於斥澤之中 必依水草 而背衆樹
절 척 택 유 극 거 무 류 약 교 군 어 척 택 지 중 필 의 수 초 이 배 중 수

此處斥澤之軍也
차 처 척 택 지 군 야

평탄한 길이 아닌 길을 지나가야 할 때는 머뭇거리면 안 된다. 되도록 신속하게 지나가는 것이 좋다. 만약 음습지에서 부득이 적과 마주쳐 접전을 벌이게 될 때는 물이나 풀이 있는 곳을 앞으로 하고 숲이나 나무를 배후로 포진하는 것이 현명하다. 물이나 풀을 앞으로 한다는 것은 전면에 전망을 두는 것이고, 삼림을 뒤로 하는 것은 대오의 형태를 뚜렷하게 나타내지 않음으로써 일종의 요해(자기편에게는 꼭 필요하지만 적에게는 해로운 지점)로 이용할 수 있기 때문이다. 이번에는 음습지대에서 군사를 움직이는 방법이다. 속히 떠나려고 해도 조건에 따라서 떠날 수 없는 경우가 있을 것이다. 만사를 제쳐 놓고 악조건의 영향에서 벗어나도록 전념해야 한다. 부득이 싸우지 않으면 안 될 때 전방의 전망을 좋게 하라는 것은, 신변을 정리하여 손쉽게 전환할 수 있는 태세를 항상 갖추어 만사에 깊이 빠져들지 않도록 조심하는 것이고, 악조건의 영향을 최소한으로 막아 내도록 노력하는 것이 뭇나무를 등지는 것이다.

평지에서는
편리한 곳에 진을 치라

평지나 언덕이 있는 곳에서는 편리한 곳에 진을 쳐야 한다. 고지를 배후나 높은 곳에 두고, 죽을 지형을 앞으로 하고 살아날 지형을 등지고 있어야 한다. 이것이 평지에서 전투하는 원칙이다. 이러한 4가지 군대의 유리한 법은 옛날 황제가 사방의 왕들과 싸워 승리를 거둔 방법이다.

平陸處易 而右背高 前死後生 此處平陸之軍也 凡此四軍之利
평 륙 처 이 이 우 배 고 전 사 후 생 차 처 평 륙 지 군 야 범 차 사 군 지 리

黃帝之所以勝四帝也
황 제 지 소 이 승 사 제 야

🞰 • • • • • •

평탄한 곳에서는 가능한 한 활동하기 편한 곳을 골라서 포진하고, 같은 평지라도 높은 곳을 오른쪽 등 뒤로 하는 지형이라야 한다. 그리고 황폐한 곳을 앞으로 하고, 수목이 무성한 곳을 뒤로 해야 한다. 이것이 평지에서의 포진법이다. 이상 산(山), 수(水), 척택(斥澤), 평륙(平陸)의 4지(四地)에서의 포진법은 선조인 황제가 사린의 왕들을 정복하였을 때의 전법으로 전해지고 있는 것이다. 이 조항도 해설로서는 특별한 것이 없다. 거의 전 조항과 같으므로 생략한다.

제9장 행군편(行軍篇)

높은 곳과 양지바른 곳에 진을 치라

무릇 군대가 진을 치기에 높은 곳은 좋으나 낮은 곳은 좋지 않고, 양지는 좋으나 음지는 좋지 않다. 또 위생을 잘 다스리고 충실하게 대처하면 군대 안에 아무런 질병도 발생하지 않을 것이다. 이것을 필승의 군대라고 한다.

凡軍喜高而惡下 貴陽而賤陰 養生而處實 軍無百疾 是謂必勝
범 군 희 고 이 오 하　귀 양 이 천 음　양 생 이 처 실　군 무 백 질　시 위 필 승

군사를 두는 곳은 높고 마른 곳을 택하는 편이 좋고, 낮고 습한 곳은 피해야 한다. 이것은 전략적이나 군사들의 생리적인 면에서도 매우 중요하다. 즉 동남쪽의 햇볕이 잘 드는 곳은 가장 좋은 곳이며, 서북쪽의 그늘지고 추운 곳은 부적당하다. 무엇보다도 생활적인 자연요구에 맞도록 하여, 만사가 평실해야 세력이 구축된다. 이점을 유의한다면 결코 군사 가운데 병자가 생기는 일은 없을 것이다. 그리고 그와 같은 세심한 배려와 조심성이 있어야 승리할 수 있다.

자연의 이치에 역행하지 않는다는 배려가 있어야 한다는 말이다. 필승의 비결이란 결코 특별한 것이 아니다. 직무에 종사하는 사람들의 건강 관리, 보건 시설이 그대로 필승으로 통한다고 논단하고 있는 것이다. 논리의 비약이 심하여 당돌한 느낌이 들겠지만, 이것은 진리이다. 하기야 근래에는

이것이 당연한 경영상식으로 되어 있는 듯하다. 한걸음 더 나아가 삶을 기르고 실한데 처해 있는 쪽의 급여를 가급적 풍부하게 한다는 사고방식이 바로 필승의 길로 통한다는 주장도 일리가 있는 것이라 하겠다.

진(秦)나라 말기에 병으로 죽게 된 남해의 도위 임효는 조타를 불러서 다음과 같이 말하였다.

"듣자하니 진승 등이 난을 일으켰다고 한다. 진(秦)이 악을 행하여 천하의 백성이 고난을 당하는 바람에 항우, 유기, 진승, 오광 등이 각각 자기 고을에서 군사를 일으켜, 크게 천하를 다투고 있다. 중국은 혼란해질 대로 혼란해져 안정을 모르고, 호걸은 진을 배반하고 날뛰고 있다. 이곳은 산을 등지고 있는 험조한 땅이고, 남해 수천 리의 땅에는 상당수의 중국인들이 서로 돕고 있으므로, 나라를 세울 수가 있을 것이다. 의논할 만한 자가 없기 때문에 자네를 부른 것이다."

말을 마치자 임효는 조타에게 조서를 만들게 하고 남해 군위의 정무를 보게 한 후 세상을 떠났다. 조타는 곧 격문을 보내 각 관문에 통고하였다.

"적군이 침입하려고 한다. 급히 길을 막고 군사를 동원하여 스스로 지키도록 하라."

이리하여 조타는 점차 법에 의하여 진나라에서 임명한 장관들을 주살하고 자기 파를 임명해 나갔다. 이윽고 진나라가 망하자, 조타는 계림, 상군을 공격하여 합병하고, 산간의 험난한 곳에 자립하여 남월의 무왕이라고 칭하였다. 여후 시대가 되자, 한나라는 남월과의 철기교역을 금지시켰다. 조타는 분노하여 스스로 남월의 무제라 칭하고, 군사를 동원시켜 장사의 국경을 공격하였다. 여후는 장군 조를 파견해서 남월을 토벌하고자 하였다. 그러나 심한 더위와 습기를 만난 조의 군사는 역병으로 고생하다가 끝내 양산령을 넘어 진격할 수가 없었다. 그 후 1년이 지나 여후가 죽자 한나라는 군사를 철수시켰다. 이에 조타는 그 변경에서 크게 위엄을 떨치게 되었다.

강 상류에 비가 오면 기다려야 한다

언덕이나 둑이 있는 곳에서는 반드시 양지쪽에 자리잡고, 높은 곳을 오른쪽 등 뒤에 둔다. 이것이 전투에 이로움을 주고 지형의 도움을 얻는 길이다. 상류에 비가 내려 물거품이 내려올 때, 부득이 그곳을 건너야 한다면 거품들이 안정될 때까지 기다려야 한다.

邱陵隄防 必處其陽 而右背之 此兵之利 地之助也
구 능 제 방　필 처 기 양　이 우 배 지　차 병 지 리　지 지 조 야
上雨 水沫至 欲涉者 待其定也
상 우　수 말 지　욕 섭 자　대 기 정 야

🎵 • • • • • •

자연현상에 대해서는 언제나 조심을 하는 마음가짐이 중요하다는 의미를 담고 있다.

선혜왕 시대 한나라에 있어서, 진나라는 마치 홍수를 이루는 강의 존재와 같았다. 선혜왕 14년에 진나라는 한나라를 공격하여 격파하고, 16년에는 수어에서 격파하여, 한의 장군 수와 신차를 생포하였다.

한의 공중은 홍수가 날 염려가 있는 강은 건너지 않을 생각으로, 왕에게 진나라와 화친하도록 설득하였다.

"진나라는 초나라를 칠 생각을 하고 있습니다. 영토의 일부를 진나라에 뇌물로 주어 친교를 맺고, 함께 초나라를 쳐야 합니다."

한의 왕이 좋다고 하자 공중은 강화를 위해 출발 준비를 서둘렀다. 이 말을 전해들은 초나라 왕은 크게 놀라 진진을 불러 의견을 물었다.

"이렇게 하면 어떻겠습니까? 군사를 일으켜서 한나라를 돕겠다고 선언하는 것입니다. 길 가득히 전차를 출동시키고, 한나라로 가는 사신에게는 많은 뇌물을 주어 보냅니다. 아무튼 왕께서 구원하신다는 것을 한의 왕이 믿도록 하는 것입니다. 이렇게 하면, 가령 한나라가 우리 초나라의 말을 듣지 않는다 하더라도, 왕의 덕을 칭찬하여 진나라와 합세하고 공격해 오지는 않을 것입니다. 한 걸음 나아가 한나라가 우리 말을 믿고 진나라와 화친을 끊게 되면 대성공입니다. 크게 노한 진과 한나라가 서로 물고 뜯게 되면 초나라는 우환을 면하게 될 것입니다."

초의 왕은 진진의 말대로 한나라에 사신을 보냈다. 한의 왕은 크게 기뻐하며, 진나라로 출발하려는 공중을 제지하였다. 그러자 공중이 말하였다.

"초나라는 이미 공격당할 형세에 있으므로 군을 동원시켜서 우리 한나라를 구하는 척하는 것입니다."

그러나 한의 왕은 그의 말을 듣지 않고 진나라와 단교하였다. 후에 한나라는 진나라의 공격을 받았으나, 초나라에서는 끝내 구원병이 오지 않았다. 진은 한 뿐만 아니라 초에게도 거세게 흐르는 강이었다. 억지로 건너려고 한 것은 한의 왕이었으니, 격류에 휩쓸리는 꼴이 되었다. 격류를 피하려고 꾀를 쓴 것은 초나라 왕이었다. 한동안 초나라는 진나라의 공격을 받지 않았다.

제9장 행군편(行軍篇)

험난한 지형은 빨리 벗어나라

무릇 지형에는 깎아 세운 듯한 절벽으로 둘러싸인 깊은 골짜기와 땅이 움푹 들어간 좁은 분지, 한 번 들어갔다 하면 빠져나오기가 힘든 곳과 초목이 무성하여 동서남북을 분단하기 어려운 곳, 깊은 수렁으로 벗어나기 힘든 늪과 좁은 산골짜기 등이 있다. 이런 곳은 반드시 속히 빠져나가서 가까이해서는 안 된다. 아군은 그런 곳을 멀리하되 적은 가까이 하도록 하며, 아군 편에서는 그러한 곳을 마주하고, 적은 그런 곳을 등지도록 해야 한다.

凡地有絶澗 天井 天牢 天羅 天陷 天隙 必亟去之 勿近也
범 지 유 절 간 천 정 천 뇌 천 나 천 함 천 극 필 극 거 지 물 근 야
吾遠之 敵近之 吾迎之 敵背之
오 원 지 적 근 지 오 영 지 적 배 지

⌖ • • • • • •

여섯 군데의 험한 지역을 6해(害)의 땅이라고 하는데, 이와 같이 험한 장소에는 가급적이면 접근하지 말아야 한다. 부득이 접근할 경우에는 속히 빠져 나오도록 해야 한다.

그러나 이쪽으로서는 피해서 멀리 해야 하지만, 적에 대해서는 반대로 이것에 접근하도록 유도하는 것이 좋다.

그리고 마침내 그 부근에서 적과 조우전을 할 때는 험한 지역이 전방이 되도록 위치를 잡고, 적에게는 그것이 배후가 되도록 하는 것이 유리하다.

위험지역에 접근하였을 때의 주의할 점과 그 역이용 방법이다. 사업 경영에도 이러한 6해(害)의 땅은 여러 모로 있을 것이다.

군자는 위험한 곳에 접근하지 않는다는 말도 있으나, 경계만이 능사는 아니다. 위험한 일은 가급적 남에게 밀어 붙이는 것도 한 방법이다.

그러나 상대에게 위험한 일이 닥쳐서 진퇴가 부자유한 지경에 빠지는 것은 이쪽으로서는 천만다행한 일이다. 6해(害)도 일종의 무기라는 점을 잊어서는 안 된다.

이용할 수 있는 것은 무엇이든 이용한다는 뱃심도 하나의 무기라고 할 수 있는 것이다.

제9장 행군편(行軍篇)

가리워진 곳은
철저히 수색하라

군대의 주둔지 근처에 험준한 산지가 있거나 수초가 우거진 택지가 있거나 갈대숲, 관목과 숲이 우거진 곳이 있으면 되풀이하여 수색해야 한다. 그런 곳에는 반드시 복병이 있기 때문이다.

軍旁 有險阻蔣潢 井生葭葦 山林翳薈 必謹覆索之 此伏姦之所處也
군방　유험조장황　정생가위　산림예회　필근복삭지　차복간지소처야

⊗ • • • • • •

　군사가 주둔하고 있는 부근에 험한 곳이나 샛길, 소택지, 우묵한 곳, 갈대가 무성한 곳 등이 있을 때는 그곳을 정성껏 반복하여 수색해 볼 필요가 있다. 그러한 곳에는 대개 적의 복병이나 척후가 숨어서 이쪽 형편을 탐색하는 경우가 있기 때문이다.

적의 유인작전에 말려들면 안 된다

적에게 가까이 가도 조용한 것은 그들이 지형의 험준함을 믿고 있기 때문이다. 멀리 포진하고서도 자주 도발하여 오는 것은 이편의 공격을 유도하기 위해서이다. 공격하기 좋은 장소에 진을 치고 있는 것은 어떤 지리적인 이점이 있기 때문이다.

敵近而靜者 恃其險也 遠而挑戰者 欲人之進也 其所居易者 利也
적 근 이 정 자　시 기 험 야　원 이 도 전 자　욕 인 지 진 야　기 소 거 이 자　 이 야

적과의 거리가 접근해 있는데도 전혀 동요가 없는 것은 요해지임을 믿기 때문이다. 또 접전거리에 있지 않으면서도 도전해 오는 것은 아군을 앞으로 유인하여 그 도중을 습격하려는 작전이 있기 때문이다. 일부러 공격이 편한 평탄한 곳에 진을 치고 있는 것은 유혹의 수단이라고 생각해야 한다. 상대가 눈치 채지 못하고 있다든가, 또는 약세를 보이고 있는 것으로 오인하고 깔보다가는 뜻하지 않은 엉뚱한 곳에서 반격을 받게 된다.

'조금만 더 가까이 다가와라……' 하고 이쪽에서 촉각을 세우며 신중을 기하고 있을 때 마침 저쪽에서 손을 써 온다고 해서 마음 놓고 받아들이면 안 된다. 오히려 잘못 말려들면 혼이 나게 될 것이다.

제9장 행군편(行軍篇)

주위의 사물을
세밀하게 관찰하라

많은 나무가 움직이는 것은 적이 오고 있는 것이고, 풀이 우거진 곳에 많은 장애물을 설치한 것은 의혹을 불러일으키려는 것이다. 새들이 갑자기 날아오르는 것은 복병이 숨어 있기 때문이고, 짐승이 놀라 달아나는 것도 복병이 숨어서 다가오기 때문이다.

衆樹動者 來也 衆草多障者 疑也 鳥起者 伏也 獸駭者 覆也
중 수 동 자 내 야 중 초 다 장 자 의 야 조 기 자 복 야 수 해 자 복 야

전쟁터에서 적의 동정을 살피는 일은 사활이 걸린 중요한 일이다. 당연히 극도로 긴장하지 않을 수 없다.

산림을 멀리서 전망하고 있는 넓은 범위에 수목이 이상하게 움직이고 있는 것은 적군의 내습을 나타내는 것이다. 또 풀숲에 많은 결초(結草)로 만든 함정이 있을 때는 어떠한 계획이 있는 것으로 보아도 좋다. 낮게 날고 있던 새들이 떼를 지어 높이 날아오르면 반드시 복병이 있다고 보아도 좋다. 짐승들이 놀라서 달아나는 광경을 보았을 때도 또한 어딘가에 복병이 숨어 있다고 생각해도 좋다.

오장원에서 숨진 제갈공명이 나타나 위나라 장수 사마중달을 도망치게 한 고사 등, 전쟁터에서 냉정을 잃어서 빚어지는 일들은 일일이 열거할 수 없을 만큼 많다. 그러므로 잘 관찰하여 판단을 해야 할 것이다.

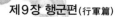

적의 동정을 정확히 판단하라

먼지가 높이 치솟아 오르는 것은 전차대가 오고 있기 때문이고, 흙먼지가 낮고 넓게 퍼지는 것은 보병이 진군해 오는 것이다. 먼지가 산발적으로 이는 것은 땔나무를 마련하기 때문이고, 먼지가 오가고 있는 것은 숙영의 준비를 하고 있기 때문이다.

塵高而銳者 車來也 卑而廣者 徒來也
진 고 이 예 자 거 내 야 비 이 광 자 도 내 야

散而條達者 樵採也 少而往來者 營軍也
산 이 조 달 자 초 채 야 소 이 왕 래 자 영 군 야

❀ • • • • • •

모래 먼지가 높이 날아오르고, 그 윗부분이 뾰족한 예각일 때는 전차부대가 진격해 오고 있다고 생각해도 좋다. 반면에 모래 먼지가 높이 오르지 않고 낮게 널리 퍼질 때는 보병이 진격해 오는 것이다.

모래 먼지가 한 군데 뭉쳐 있지 않고 여기저기 가늘게 줄지어 올 때는 군사들이 땔나무를 하고 있는 것이라고 생각해도 좋다. 그런데 이러한 먼지줄기가 곳곳에서 올라올 때는 막사를 만들기 위하여 마땅한 장소를 찾고 있다고 보아도 틀림이 없을 것이다.

상대의 움직임을 살펴서 알 수 있는 실마리를, 어떻게도 숨길 수 없는 자연 현상에서 구하는 것을 설명하고 있다.

제9장 행군편(行軍篇)

사자(使者)의 태도에서
적의 동정을 간파하라

적군의 사자(使者)가 말은 겸손하게 하면서도 방어에 힘을 쏟고 있다는 것은 공격준비를 하고 있는 것이다. 적군의 사자가 말을 강경하게 하고 진격 태세를 취하는 것은 철수할 의사가 있는 것이다. 경전차가 먼저 나와 측면에 배치되는 것은, 진을 치고 있기 때문이다. 갑자기 화의를 요청하는 것은 적에게 계략이 있기 때문이다.

辭卑而益備者 進也 辭詭而强進驅者 退也
사 비 이 익 비 자　진 야　사 궤 이 강 진 구 자　퇴 야

輕車先出居其側者 陳也 無約而請和者 謀也
경 거 선 출 거 기 측 자　진 야　무 약 이 청 화 자　모 야

⊗ • • • • • •

적국에서 온 사신이 필요이상으로 이쪽 뜻에 영합하거나 온갖 아부를 하며 은밀히 군비를 증강하고 있을 때는 반드시 가까운 시기에 진격해 올 것이라고 보아야 한다. 반대로 사신이 자신 있게 큰소리를 치며 협박과도 비슷한 엄포를 놓고 부리나케 돌아간다면 실은 퇴각할 작정임이 틀림없다. 또 막다른 골목으로 몰린 까닭이라면 몰라도 아무런 이유도 없이 화의를 청해 오는 일이 있다면 거기에는 반드시 남모를 계략이 숨겨져 있다고 보아야 한다. 진영을 재정비하기 위하여 시간을 벌자는 계략이 숨겨져 있다. 이와 같이 모든 것의 이면을 생각해야 한다.

겉으로 보여주는 태도와 속셈이 다른 경우가 많다는 점을 지적하고 있다. 이러한 경우에는 반드시 부자연한 과장이 뒤따른다. 근본은 상대의 그와 같은 행동에 충분히 수긍이 갈 만한 근거가 있는지 없는지가 문제이다. 그것을 유리하게 해석한다면 엉뚱한 속임수에 떨어지게 될 것이다. 당연히

눈치 채야 할 계략에 걸리면 그것은 어느 모로 보나 이쪽의 실수가 된다. 한 대 맞고 나서 비겁하다고 떠들어 보아야 소용없는 일이다. 오히려 이쪽의 무지만을 드러내고 마는 것이다.

전국시대 때 진(秦)나라는 호상을 장으로 삼고 병력 20만 명을 주어, 한나라의 알여를 포위하게 하였다. 이에 한의 이왕은 곧 사신을 보내어 조나라에 구원을 청하였다. 조나라의 혜문왕이 군신을 모아놓고 알여를 구할 수 있는지를 물으니, 조의 명장 염파와 악승은 말하였다.

"길은 멀고 또 험한 곳입니다. 구하기가 어렵겠습니다."

그런데 조사라는 사람은 다음과 같이 말하였다.

"길이 먼데다 험하고 좁다면 예를 들어 두 마리의 쥐가 구멍 속에서 싸우는 격이니, 용기 있는 장군이 있는 편이 이길 것입니다."

이 말에 조의 왕은 곧 군사 5만 명을 주어 조사를 장으로 삼고, 알여를 구하게 하였다. 조사는 조의 수도 한단에서 나오자, 겨우 30리쯤 행군한 곳에 포진하고 오로지 방벽을 굳힌 후 28일 동안, 그곳에 머무르고 있었다. 바로 근처까지 적의 척후대가 밀려와 싸움을 걸어도 조사는 나가서 싸우려고 하기는커녕 더욱 방벽을 굳히기만 하였다. 진의 호상은 불안한 생각이 들어서 사신을 조사에게 보내어 싸울 것을 전하였다.

"우리 진나라는 알여를 공격하여 곧 함락시키겠다. 싸울 생각이 있거든 빨리 해야지 늦으면 소용이 없어진다."

"천만에, 급보가 들어와 한단을 수비하고 있는 것이다. 진나라와는 싸울 생각이 없다."

조사는 진의 사신을 후대하고 방어시설 등도 구경시켜 주었다. 사신이 돌아가서 보고하자 그제야 호상은 크게 기뻐하며 말하였다.

"수도에서 30리쯤 나와 더 이상 군을 진격시키지 않고 방어시설만을 굳히고 있는 상대라면 싸울 의사가 없다고 보아도 좋겠지. 알여는 이미 내 것이로구나."

그리하여 호상은 조사의 군에 대비함이 없이 알여의 공격에만 전념하였다. 그러나 조사는 진나라 사신을 보내기가 무섭게 곧 군사를 무장시키고 출발하였다. 밤낮없이 전진하여 2일과 하룻밤이 걸려서 국경을 지나 알여에서 15리쯤 떨어진 지점에 도착하자 포진을 하고 누를 쌓는 한편 1만 명의 군사를 파견하고 북상하여 산성을 점거했다.

호상이 크게 노하여 군사 일부로 알여를 포위하니 조의 군사가 습격해 왔다. 그러나 이미 조의 군대를 잔뜩 업신여긴데다 산성까지 제압당하고 있어서 싸울 실마리조차 잡지 못한 채 헛되이 날아오는 돌과 화살의 밥이 될 뿐이었다. 이때 조사는 번개같이 군사를 풀어서 공격하여 진의 군을 크게 격파하였다. 뿔뿔이 흩어져 패주하던 진의 군은 마침내 알여의 포위를 풀고 퇴각하였다.

대국 진나라를 상대로 알여의 성을 구한 조사는 진실로 용기가 있는 장수였다. 정면대결로는 도저히 승리할 수 없는 우세한 적에 대하여 싸우지 않으려는 척하여, 적이 방심하고 무방비 상태에 빠지기를 기다렸다가, 일거에 분쇄하는 신중한 전법을 썼던 것이다.

제9장 행군편(行軍篇)

반쯤 진격하고 반쯤 퇴각함은 유인하는 것이다

전투용 수레가 앞에 나와서 양쪽을 지키는 것은 진영을 구축하려는 것이고, 분주하게 병거를 배치하는 것은 결전을 준비하고 있는 것이다. 적이 전진과 후퇴를 반복하는 것은 유인하기 위해서다.

輕車先出居其側者 陣也 奔走而陳兵車者 期也 半進半退者 誘也
경 거 선 출 거 기 측 자   진 야   분 주 이 진 병 거 자   기 야   반 진 반 퇴 자   유 야

❀ • • • • • •

가벼운 병거가 최초로 움직여 나와서 양측에 대열을 짓는다면 이는 그 중간에 진형(陣形, 진을 친 형태)을 만들려는 준비로 진발태세(進發態勢)를 정비하기 시작한 것이라고 보아도 좋다. 만약 급히 서두르는 태도가 보일 때는, 무엇인가 미리 예정되어 시일이 촉박한 것이라고 판단해야 한다.

예를 들면 이쪽 진중에 내통자가 있어서 약속이 되었거나, 밖으로부터의 내원이 있어서 시각을 맞추어 협격할 예정이거나 아무튼 온당치 않은 사정을 나타내고 있다고 보는 것이 좋다. 또 한쪽에서는 진격을 시작하고 있는데 다른 한쪽에서는 후퇴를 하는 모습을 보이는 것은, 틀림없이 유인하는 수법이라고 보아야 한다.

적군의 행동으로 알 수 있는 것

무기를 지팡이 삼아 짚고 있다는 것은 굶주렸다는 증거이다. 물을 길러 나와서 자기가 먼저 물을 마시는 것은 식수난에 빠졌기 때문이다. 이익을 보여주어도 공격해 오지 않는 것은 적이 피로했기 때문이다.

倚仗而立者 飢也 汲而先飮者 渴也 見利而不進者 勞也
의 장 이 립 자　기 야　급 이 선 음 자　갈 야　견 리 이 부 진 자　노 야

❀ ・・・・・・

　적병들의 일거일동을 관찰한 추리이다. 병기를 지팡이처럼 짚고 그것에 의지하여 서 있는 모습이 보일 때는 상당한 식량 부족으로 굶주리고 있다고 생각해도 좋다. 또한 물을 길어온 군사가 우선 그 물을 마신다면, 그 마시는 모습으로도 다른 군사가 얼마나 물의 부족으로 인하여 목이 마른가를 알 수 있다. 만약 이러한 상태로서 절호의 기회인데도 진격해 오지 않는다면, 상대편은 상당히 피로에 지쳐 있다는 것을 입증하는 셈이다.

말을 잡아먹는 것은 군량이 떨어졌기 때문이다

적진 위에 새들이 모이는 것은 적군이 철수하여 없기 때문이다. 한밤중에 소리쳐 부르는 것은 공포 때문이다. 군대가 소란한 것은 장군에게 위엄이 없다는 것이고, 군기가 함부로 움직이는 것은 혼란스럽기 때문이다. 장교들이 마구 성내어 소리치는 것은 군이 지쳐 있기 때문이고, 말을 잡아먹는 것은 군량미가 떨어졌기 때문이다. 취사도구를 다시 막사로 반입하지 않는 것은 궁지에 몰린 것이다.

鳥集者 虛也 夜呼者 恐也
조 집 자　허 야　야 호 자　공 야

軍擾者 將不重也 旌旗動者 亂也 吏怒者 倦也
군 요 자　장 부 중 야　정 기 동 자　난 야　이 노 자　권 야

殺馬肉食 軍無懸缶 不返其舍者 窮寇也
살 마 육 식　군 무 현 부　불 반 기 사 자　궁 구 야

야생의 새들이 많이 모여 시끄럽게 지저귀고 있으면 그곳은 이미 병사들이 다 철수하여 빈 막사라고 보아도 좋다. 새들은 사람이 있을 때는 절대로 접근하지 않기 때문이다.

어두운 밤에 군사들이 큰소리로 서로 부르는 것은 밀려오는 두려움을 감추기 위해서이다. 이러한 불안한 심리를 지니고 있다는 것은 퇴각 심리가 가득하다고 보아도 좋다.

적진이 어쩐지 어수선하고 질서를 잃은 상태라면, 그것은 지휘관의 권위와 명령이 미치지 않고 있는 것이라고 생각해도 좋다.

군기나 신호기류가 정연함을 잃고 움직여 돌아다닌다면 대오가 통솔을 잃고 있다는 증거이다.

책임 있는 자가 부하를 야단치고 다닐 때는, 그 군대는 장(長)이 진(陣)에 싫증을 내고 있다고 생각해도 좋다.

또 중요한 군마를 잡아 그 고기를 먹고 있을 때는, 마침내 식량이 다한 것으로 판단할 수 있다.

만약 취사도구를 주변 나뭇가지에 걸어놓은 채 막사로 돌아갈 기미가 없다면, 죽느냐 사느냐의 결전을 각오하고 있는 것으로 해석해도 좋다.

이것은 아군의 진영의 상태를 아는 방법도 된다. 즉 자연히 나타나는 현상에서 그 본질을 간파해 낸다는 것에 주목해야 한다. 자기 진영의 동정을 관찰하는데, 표면적인 관찰로는 도저히 진실된 것을 알 수가 없다. 자세한 것, 사소한 것을 알아채고 분석함으로써 상황을 파악해 내도록 해야 한다.

제9장 행군편(行軍篇)

장수는
통솔력을 잃지 말아야 한다

장수가 간곡하고도 장황하게 부하들에게 이야기하는 것은 부하들에게 신망을 잃었기 때문이다. 상을 남발하는 것은 사정이 급해졌다는 뜻이고, 벌을 남발하는 것은 상황이 딱하다는 뜻이다. 포악한 행동을 하고 나서 부하들의 눈치를 보는 것은 군사들의 동요가 갈 데까지 갔다는 것이다.

諄諄翕翕 徐言入入者 失衆也 屢賞者 窘也 數罰者 困也
순 순 흡 흡   서 언 입 입 자   실 중 야   누 상 자   군 야   삭 벌 자   곤 야

先暴而後畏其衆者 不精之至也
선 포 이 후 외 기 중 자   부 정 지 지 야

❀ • • • • • •

장수가 부하에게 단호하게 말하지 못하고, 머뭇거리거나 되풀이하여 길게 이야기하면서 단정적인 말을 못하고 상대의 안색을 살피는 것은 이미 군사의 마음을 휘어잡고 있지 못한 증거이다. 그리고 마구 상을 내려주어서 비위를 맞춘다면 이것도 막다른 골목에 가 있는 것이라고 볼 수 있다. 반대로 걸핏하면 엄벌을 앞세우는 것은 군령이 만족하게 지켜지지 않고 있는 탓으로 보면 된다. 또 처음에는 상당히 거칠고 엄한 태도로 부하를 대하면서, 점차 이반을 겁내어 심약해지는 것 등도 병사를 지휘 통솔하는 올바른 방법을 제대로 모른다고 할 수 있다.

진(秦)나라 소왕 원년에 화리자는 장수로서 포(浦)를 공격하려고 하였다. 포의 장수는 이를 겁내어 호연에게 조정을 의뢰하니, 호연은 포를 위하여 화리자에게 말하였다.

"공이 포를 공격하려는 것은 진나라를 위해서인가, 아니면 위나라를 위해서인가? 위가 전에 서하의 바깥을 진나라에 빼앗기고, 아직도 되찾지 못하고 있는 것은 군사가 약하기 때문이나, 만약 위(衛)가 위(魏)와 합병을 하면 위(魏)는 반드시 강대해질 것이다. 위(魏)가 강대해지면 서하의 바깥 땅도 위험을 면치 못할 것이다. 더욱이 진의 왕은 공의 군사 행동이 진나라에 해가 되고 위(魏)를 이롭게 한다는 것을 알면 반드시 공을 문책할 것이다."

"그럼 어떻게 하면 좋겠는가?"

"포를 용서하고 공격하지 않는 것이다. 내가 공을 위하여 포로 가서 수장에게 설명을 하여 위나라 군이 고마워하도록 주선하겠다."

"좋다."

호연은 포로 들어가서 수장에게 말하였다.

"화리자는 포가 피폐되어 있는 줄을 알고 반드시 포를 함락시키겠다고 공언하고 있습니다. 그러나 저라면 포를 용서하고 공격하지 않도록 설득할 수가 있습니다."

"부디 그렇게 해주십시오."

그리고 황금 300근을 보내며 말하였다.

"진의 군이 정말 퇴각을 한다면 당신을 위(衛)의 군에게 추천하여 성주(城主)로 삼도록 노력하겠습니다."

화리자는 드디어 포의 포위를 풀고 돌아갔다. 이렇게 하여 호연은 포에서 돈을 받고, 위나라에서 높은 지위를 얻을 수가 있게 되었다.

제9장 행군편(行軍篇)

행동 뒤에 숨어 있는
뜻을 살피라

적이 구태여 선물을 들고 찾아와서 정중히 사과하는 것은 쉴 틈을 얻으려는 것이다. 적의 군대가 쳐들어왔음에도 불구하고 오랫동안 맞붙지도 않고 서로 물러서지도 않을 때는 반드시 상대를 잘 살펴보아야 한다.

來委謝者 欲休息也 兵怒而相迎 久而不合 又不相去 必謹察之
내 위 사 자 욕 휴 식 야 병 노 이 상 영 구 이 부 합 우 부 상 거 필 근 찰 지

⁂ • • • • • •

어떤 행위를 취할 때에는 무엇이든 그에 상당한 이유라는 것이 있는 법이다. 그것이 무엇인가라는 점에 충분한 납득이 없는 한 간단히 승낙하였다가는 그야말로 낭패를 볼 수도 있다. 인질을 보내며 정중히 인사를 해와도 진심으로 화목을 원하고 있다고는 볼 수 없다. 잠시 싸움을 쉬고 진용을 재정비하거나 구원을 기다리는 등의 시간을 벌기 위한 경우도 있다. 상대가 상당히 화를 내고 있을 텐데 서로 흘겨보기만 하면서 오랜 시간을 기다려도 공격해 오지 않는다. 그렇다고 해서 퇴진하는 기색도 없을 때는 절대적이라고 할 만큼 어떠한 계교를 가지고 시기를 기다리고 있는 것이므로, 잘 관찰하여 그 이유가 무엇인가를 알아야 한다.

군대란 수가 많다고 해서
유리한 것은 아니다

전쟁을 하는 데 있어서 병사가 많다고 무조건 좋은 것만은 아니다. 오직 무력만 믿고 진격해서는 안 되고 전력을 집중하는 한편, 적군을 잘 살펴서 적당한 인재를 쓰기만 하면 된다. 아무런 계책도 없이 적을 가볍게 여기는 장수는 반드시 적에게 사로잡히게 될 것이다.

兵非益多也 惟無武進 足以併力料敵 取人而已
병 비 익 다 야 유 무 무 진 족 이 병 력 료 적 취 인 이 이

夫惟無慮而易敵者 必擒於人
부 유 무 려 이 역 적 자 필 금 어 인

다다익선이 전투에서 반드시 좋은 것만은 아니다. 운용하는 군사의 인원 수가 많다고 해서 반드시 좋다고 할 수 없다. 지나치게 많아서 오히려 주체를 못하는 수도 있다. 따라서 적진의 움직임을 잘 따져보고 상대하기에 부족함이 없는 정도가 좋다. 그리고 자칫 적을 얕보게 되면 사람의 부족으로 인하여 전원이 생포되는 불상사가 발생할 수도 있으므로 신중해야 할 것이다. 적량적소(適量適所)라는 말도 중요하다. 수량이 압도적으로 많으므로, 인해전술로 밀고 나아가겠다는 생각은 대단히 위험하다. 과여부족(過如不足)이란 말과 같이 오히려 그것이 혼란을 자초하고 산만해져 해가 될 수도 있기 때문이다. 내가 아니어도 싸울 병사가 있다고 생각하면서 어떻게 전투를 승리로 이끌 수 있겠는가!

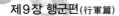

제9장 행군편(行軍篇)

징벌을 지혜롭게 하라

군사들과 아직 친해지기도 전에 징벌하면 심복이 되지 않을 것이고, 심복이 되지 않으면 통솔하기가 어렵게 된다. 군사들이 이미 친하게 따르는데도 징벌을 하지 않으면 통솔할 수 없게 된다.

卒未親附 而罰之 則不服 不服則難用也
졸 미 친 부 이 벌 지 즉 불 복 불 복 즉 난 용 야

卒已親附而罰不行 則不可用也
졸 이 친 부 이 벌 부 항 즉 불 가 용 야

장수와 사병과의 사이는 엄하면서도 신뢰하는 사이가 되어야 한다. 상호 신뢰와 이해가 마음속에 깔려 있어야 한다. 군대는 엄한 조직이다. 생명을 다투는 일에 군령이 지엄하지 않으면 질서가 잡히지 않는다. 다스려야 할 때는 엄하게 다스려야 한다. 지나치게 친밀해지면 기강이 흔들린다. 잘못을 범해도 인정이 치우쳐 처벌하기 힘들기 때문이다. 이것은 재앙의 근본이 된다.

사마양저가 제나라 경공에 의하여 진(晉)과 연나라의 군을 공격하고자 장군에 임명되었을 때, 그는 경공에게 한 가지 부탁을 하였다.

"나는 비천한 출신으로, 발탁되어 장군이 되었으므로, 사졸은 아직 진심으로 나를 따르고 있지 않습니다. 이래서는 명령을 해도 복종하지 않을까 봐 걱정입니다. 그러하오니 주군께서 총애하시는 신하로서 누구나가 존경

218 •

하는 사람을 군감찰로 소신에게 붙여 주시옵소서.”

그리하여 장고(莊賈)가 선택되었다.

“내일 정오에 군문(軍門)에서 만납시다.”

양저는 장고에게 이렇게 약속하고 헤어졌다.

다음날이 되었다. 정오가 되었어도 장고는 나타나지 않았다. 마침내 장고가 도착한 것은 약속 시간보다 훨씬 늦은 저녁때였다. 양저는 이미 부대를 면밀하게 점검하고 군령을 정하여 통달하였다. 따라서 군사들 사이에 골고루 전달이 되어 있었다. 친척과 측근들의 전송을 받느라고 늦었다는 장고의 변명을 듣고 양저는 말하였다.

“장수가 된 자는 출진 명령을 받는 날 집을 잊고, 군령을 정하면 육친을 잊고, 공격의 북이 울리면 몸을 잊는 법이다. 우리 모두의 생명은 귀관에게 달려 있다. 사사로운 일로 늦어서야 되겠는가?”

그리고 군법관을 불러 물었다.

“군법에서는 약속 시간에 늦는 자는 어떠한 죄에 해당되는가?”

“참형입니다.”

곧 군법에 따라 장고는 참형에 처해지고 이 사실은 전군에 알려졌다. 전군의 군사들은 몸을 떨었다. 양저는 장군으로서의 급여를 전부 병사들에게 주고 양식도 병사들과 똑같이 나누었다. 숙사나 우물, 취사도구까지 돌봐주고 병자를 조사하여 약을 먹이기도 하였다. 병사들은 용기백배하여 양저를 위해서라면 주저함이 없었다. 이 소식에 진나라와 연나라는 군대를 돌려 돌아가고 말았다. 이윽고 양저는 침략당하고 있던 제나라 영토를 되찾아 귀환하였다.

당근과 채찍을 두루 활용해야
백전백승이 가능하다

그러므로 군사들에게 명령을 내릴 때는 부드러운 말로 하고, 통제는 힘으로 했을 때 반드시 승리하는 군대가 된다. 평소에 법령이 잘 시행되고 이로써 백성들을 가르쳐 왔다면 백성들은 복종할 것이다. 평소에 법령이 잘 시행되지 않은 채 백성들을 가르쳐 왔다면 백성들은 복종하지 않을 것이다. 평소에 법령이 잘 시행된다는 것은 백성들의 신뢰를 얻었기 때문이다.

故令之以文 齊之以武 是謂必取 令素行以教其民 則民服
고 령 지 이 문　제 지 이 무　시 위 필 취　영 소 항 이 교 기 민　즉 민 복

令不素行以教其民 則民不服 令素信著者 與衆相得也
영 불 소 항 이 교 기 민　즉 민 불 복　영 소 신 저 자　여 중 상 득 야

◈ • • • • • •

　장교와 병졸을 잘 이끌려면 신뢰를 전제로 한 질서와 상호 이해가 기본이다. 이것을 정비하여 실전에 적합하게 하는 것은 무덕(武德), 즉 위력적인 힘이 된다. 문과 무 양쪽을 겸비해야 비로소 백전백승이란 것이 가능하다. 상호 이해가 원만하다는 것은 민중과 일체가 되어 있다는 것이다. 거기에는 조금의 빈틈도 없는 굳은 단합이 있다. 이것이 바로 모든 것의 기본이 되는 것이다.

　병사와 장수 사이의 유대가 잘 이루어져야 한다. 충분한 이해와 누구에게나 공평한 군율이 유지되어야 한다. 군대를 움직이는 것도, 백성들 다스리는 데에도 이것이 기본이다.

제10장

지형편
地形篇

이 편의 요지는 전투에 임할 때 승리를 위하여 반드시 알아야 할 4대 요강이다. 즉 ① 지형을 알아야 하고, ② 자기를 알아야 하고, ③ 적을 알고, ④ 천시(天時)를 아는 것이다. 따라서 본편의 결론은 "적을 알고 자기를 알며, 지리를 알고 천시를 알면, 반드시 백전백승할 수 있다."는 것을 말하고 있다.

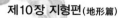

제10장 지형편(地形篇)

지형을 알아야
승리할 수 있다

손자가 말하였다. 지형에는 통형(通形)이 있고, 괘형(掛形)이 있고, 지형(支形)이 있고, 애형(隘形)이 있고, 험형(險形)이 있고, 원형(遠形)이 있다.

孫子曰 地形, 有通者, 有掛者, 有支者, 有隘者, 有險者, 有遠者
손 자 왈   지 형   유 통 자   유 괘 자   유 지 자   유 애 자   유 험 자   유 원 자

●・・・・・・

　지형에는 몇가지가 있는데, 마음대로 지나갈 수 있는 곳, 방해물이 있어 걸리는 곳, 상대가 버티고 있는 곳, 들어가기 어려운 곳, 험한 곳, 거리가 먼 곳 등의 여섯 가지로 크게 나눌 수 있다. 여기서는 지형에 따라 취해야 할 전법상의 주의를 말하고 있다.

아군과 적군이
서로 오갈 수 있는 곳을 통이라 한다

아군도 갈 수 있고 적군도 올 수 있는 지형을 통형(通形)이라고 부른다. 그러므로 통형에서는 먼저 높은 양지쪽으로 진지를 구축하고 군량미의 보급로를 편리하게 확보한 다음 싸우는 것이 이롭다.

俄可以往 彼可以來 曰通 通形者 先居高陽 利糧道以戰 則利
아 가 이 왕 피 가 이 래 왈 통 통 형 자 선 거 고 양 이 량 도 이 전 즉 리

🏵 • • • • • •

피차 왕래가 편한 곳, 이것을 통(通)이라고 한다. 이러한 통형에서는 가급적 높고 밝은 곳을 먼저 취해야 한다.

왕래가 편한 만큼 자칫하면 군량미를 나르는 양도(糧道)를 끊길 염려가 있기 때문에 그 점을 충분히 생각하여 가능한 한 유리한 조건 밑에 두고 싸움을 개시하는 것이 득책이다.

갈 수는 있으나
돌아올 수 없는 곳을 괘라고 한다

앞으로 나아갈 수는 있지만 되돌아오기가 어려운 지형을 괘형이라고 부른다. 괘형에서는 적의 대비만 없으면 나아가 싸워서 이길 수 있지만, 만약 적의 대비가 단단히 되어 있으면, 이기지도 못하고 되돌아오기도 힘들어서 이로움이 없다.

可以往, 難以返, 曰掛 ; 掛形者, 適無備, 出而勝之.
가 이 왕　난 이 반　왈 괘　　괘 형 자　적 무 비　　출 이 승 지

敵若有備, 出而不勝. 難以返, 不利
적 약 유 비　출 이 불 승　난 이 반　불 리

• • • • • •

　이쪽에서 전진하기에는 편한 지형이지만 되돌아오기에 어려운 곳에서는 적의 대비가 불완전하거나 무방비 상태일 때 결단성 있게 출격하면 승리를 거둘 수 있을 것이다. 그러나 만약 상대방이 충분한 방비를 하고 있을 때는, 승리를 거두지 못할 뿐만 아니라, 후퇴마저 여의치 않아서, 극히 불리한 싸움이 되고 말 것이다.

　확실한 승산이 없을 경우라면 이러한 지형에서는 싸움을 삼가야 한다.

제10장 지형편(地形篇)

아군과 적군이
서로 나아갈 수 없는 곳을 지라고 한다.

아군이 나가도 이로움이 없고 적군이 나와도 이로움이 없는 지형을 지형(支形)이라고 부른다. 지형에서는 적이 아군에게 허점을 보여줘도 나아가서는 안 된다. 후퇴하여 잠시 물러나, 적으로 하여금 반쯤 나오게 하여 공격하는 것이 이롭다.

我出而不利 彼出而不利 曰支 支形者 敵雖利我
아 출 이 불 리 피 출 이 불 리 왈 지 지 형 자 적 수 리 아

我無出也 引而去之 令敵半出而擊之 利
아 무 출 야 인 어 거 지 령 적 반 출 이 격 지 리

⸙ • • • • • •

전진할 수도 없고 후퇴할 수도 없는 진퇴양난의 상황에서는 서로 노려보고만 있는 상태에서 시간을 보내는 경우가 있다. 견디다 못하고 먼저 손을 내민 자가 진다는 냉전 상태이다. 긴박한 두 개의 대립 상태에 놓였을 때, 양쪽 모두 애를 태우는 것이니, 조금만 자극하면 즉석에서 폭발하려고 한다. 이럴 때 유도하는 결정적인 수를 쓰면, 그만 말려들게 된다. 입장이 크게 불리하다는 것을 뻔히 알면서도, 이성을 잃은 상태에서는 전투에 말려들기 때문에 이럴 경우는 냉철한 판단을 하는 것이 중요하다.

오히려 일단 후퇴를 하여 상대를 끌어낸다는 전법을 사용하는 것이 더 낫다. 이쪽에서 출격을 해도 불리하고 상대도 또한 좀처럼 나오지 못하는 땅의 형세, 이것을 지형(支形)이라고 한다. 이런 곳에서는 가령 상대가 유인하는 미끼에 걸려들어서는 안 된다. 오히려 진을 후퇴시키는 척하여 상대가 끌려서 반쯤 나왔을 때를 틈타 맹공격을 퍼붓는 편이 훨씬 승산이 높다.

방비를 철저히 하고
적을 기다리라

애형(隘形)에서는 아군이 먼저 차지했으면 방비를 확실히 한 다음 적을 기다리면 된다. 만약 적군이 먼저 그곳을 차지하여 방비를 충실히 하고 기다리고 있다면 절대 쫓아가 싸워서는 안 된다. 그러나 적의 군비가 허술하다면 쫓아가 싸워도 된다.

隘形者 我先居之 必盈之以待敵 若敵先居之 盈而勿從 不盈而從之
애 형 자 아 선 거 지 필 영 지 이 대 적 약 적 선 거 지 영 이 물 종 불 영 이 종 지

애형이란 앞에서도 말한 바와 같이 입구가 좁고 양쪽이 산으로 둘러 싸인 지형이다. 이러한 곳에서는 먼저 당도하여 점거하고 있을 때는 입구를 충분히 방비하여 적이 공격해 오기를 기다리는 편이 좋고, 반대로 적이 먼저라면 입구를 방비하고 있는 한 적의 뒤를 쫓아 공격하지 않도록 해야 한다. 이 관계는 양편이 다 같다. 그러나 상대에게 방비가 없을 때는 그때야말로 상대의 뒤를 쫓아 뛰어드는 편이 좋다고 할 수 있다.

반드시
높고 양지바른 쪽에 진을 치라

험형(險形)에서는 아군이 먼저 그곳을 차지했으면 반드시 높고 양지바른 곳에 진을 구축하고 적군을 기다려야 한다. 만약 적군이 먼저 그곳을 차지했다면 후퇴해야 하며 결코 그들을 쫓아가 싸우면 안 된다.

險形者 我先居之 必居高陽以 待敵 若敵先居之 引而去之 勿從也
험 형 자 아 선 거 지 필 거 고 양 이 대 적 약 적 선 거 지 인 이 거 지 물 종 야

험한 지형에서 점거하고 있을 때는 가급적 높은 남면의 밝은 곳을 택하여 진을 친 후 적의 내습을 기다리는 것이 좋고, 반대로 적이 먼저 있을 때는 후퇴를 하여 공격할 생각을 하지 않는 편이 좋다.

제10장 지형편(地形篇)

먼 거리에 있는 적과는
싸우기가 어렵다

원형(遠形)일 때는 적군과 기세가 균등하여 도전하기 어렵고, 싸움을 해도 이롭지 못하다.
이상의 여섯 가지는 지형의 도(道)이며 장수의 책임이므로 잘 살펴보아야 할 것이다.

遠形者 勢均 難以桃戰 戰而不利
원 형 자 세 균 난 이 도 전 전 이 불 리

凡此六者 地之道也 將之至任 不可不察也
범 차 육 자 지 지 도 야 장 지 지 임 불 가 불 찰 야

❀ ● ● ● ● ● ●

적이 아주 먼 곳에 진을 치고 있고, 피차 세력이 엇비슷할 때는 급하게 먼저 손을 내민 자가 손해를 보게 된다. 싸움을 해도 아마 승리를 거두지 못하게 될 것이다. 그 까닭은 군사가 피로해지고, 보급선이 길어지는 등, 앞에서 여러 번 언급한 원인들 때문이다. 실력에 뚜렷한 차이가 있다든가, 그것을 보충할 만한 무엇인가를 가지고 있을 경우는 물론 이야기가 다르다.

이상의 여섯 가지는 지형에 의한 전투의 관찰과 추론 방법이다. 통솔자로서는 가장 중요한 임무 가운데 하나이므로 충분한 이해가 필요하다.

통형, 괘형, 지형, 애형, 험형, 원형 등 여섯 가지 이론은 통솔자가 반드시 사전에 판단을 내리지 않으면 안 되는 중요한 점이다. 이 중에는 이미 거의 상식화된 것도 있으나, 어느 것에나 병법의 본질과 요령이 포함되어 있다. 구체적인 전례보다는 본질적인 것을 이해하는 것이 중요하다. 말로는 표현하기 어려운 것으로서 미루어 살피지 않으면 안 된다는 것이다.

제10장 지형편(地形篇)

장수의 잘못으로 비롯되는 군사의 여섯 가지 경향

그러므로 군사에는, 달리는 자가 있고, 해이한 자가 있으며, 빠지는 자가 있으며, 무너지는 자가 있으며, 어지러운 자가 있으며, 도망치는 자가 있다. 무릇 이 여섯 가지는, 천지의 재앙이 아니라, 장수의 잘못인 것이다.

故兵有走者 有弛者 有陷者 有崩者 有亂者 有北者
고 병 유 주 자   유 이 자   유 함 자   유 붕 자   유 난 자   유 배 자

凡此六者 非天之災 將之過也
범 차 육 자   비 천 지 재   장 지 과 야

• • • • • •

주(走), 이(弛), 함(陷), 붕(崩), 난(亂), 배(北) 등의 여섯 가지 경향은 자칫하면 군사에게 나타나기 쉬운 것들로서, 사람의 힘으로 좌지우지할 수 없는 지형이므로 순응할 수밖에 없었으나, 이 여섯 가지는 어느 것이나 자연과는 전혀 관계가 없는, 순수한 인간적인 것이다. 그러므로 어디까지나 장수의 결함 때문에 생기는 것이니, 장수의 책임이다.

군사의 여섯 가지 유형에는 주, 이, 함, 붕, 난, 배가 있다. 그것은 인위적인 재난이므로, 지도자의 위치에 있는 사람의 책임이라는 것을 말하고 있다.

장교가 겁이 많으면
기강이 해이해진다

아군과 적군의 기세가 균일한 경우 하나의 힘으로 열을 공격하게 되면 병사들이 도주할 것이다. 병졸은 강하지만 장교들이 약한 군대는 기강이 해이해진다. 장교는 강한데 병졸이 약한 군대는 함정에 빠지기 쉽다.

夫勢均 以一擊十 曰走 卒强吏弱 曰弛 吏强卒弱 曰陷
부 세 균 이 일 격 십   왈 주   졸 강 리 약   왈 이   이 강 졸 약   왈 함

군사의 소질, 무기의 우수성, 장비의 충실도 등 군세가 대등해도 1대 10이란 큰 차이가 있는 숫자로 상대에게 대항한다면 아무래도 힘에 부쳐 싸우다가 도망치기 쉬운 법이다. 또한 군사가 강해도 이를 지휘하는 하급 장교나 하사관 등이 겁이 많으면 그 군대는 버티는 힘이 없다. 반대로 하사관만이 강하고 가장 중요한 군사들이 모두 겁쟁이라면 제대로 싸우지도 못하고 패하게 된다.

군병(軍兵)에게는 여섯 가지 경향이 있으며, 그러한 특색이나 경향이 생기는 간단한 이유를 관찰하고 있다. 이것은 현대의 일하는 사람들의 직장 분위기와 바꾸어 놓고 볼 수도 있을 듯하다.

장수가 장교를 잘못 기용하면 군대는 무너진다

장교가 분노를 참지 못해 장수에게 불복한다면 적을 만났을 때 원망을 품고 제멋대로 나가 싸운다. 장수가 장교들의 능력을 알지 못하여 능력 없는 자를 임명하게 되면 군대는 붕괴된다.

大吏怒而不服 遇敵懟而自戰 將不知其能 曰崩
대 리 노 이 불 복 우 적 대 이 자 전   장 부 지 기 능   왈 붕

최고 지휘관에게 그럴듯한 기량이 없으면 휘하의 고급 지휘관이 분개하고 있으므로 좀처럼 말을 듣지 않는다. 적과 만나도 내심 재미가 없으므로 자기 멋대로 작전을 꾸며서 싸운다. 휘하의 기능이나 능력을 살필 줄 모르고, 활용할 줄 모르는 최고 지휘관을 받들고 있으면 이와 같은 결과를 보게 되는 수가 있는 법이다.

사장, 회장, 중역 등이 사업을 경영하는 지식이 부족하면 유능한 간부 사원의 의견을 듣지도 않고 얼토당토 않은 방침만을 내는 수가 많다. 이렇게 되면 부장이나 공장장급의 사람들은 숨어 버린다. 이쯤 되면 이 위치에 있는 사람들이 자기 판단으로 일을 하지 않으면 안 된다. 각 부서의 방침이 전혀 연결성 없이 세워져서 제멋대로 움직이게 된다면 통제가 잡힌 운영은 되지 않는다. 이것이 붕병(崩兵)이라고 하는 것이다.

장수가 엄하지 못하면
군대가 혼란스럽다

장수가 약하여 엄하지 못하고 가르침이 분명치 못하며, 장교와 병졸의 기상이 없다면 종 횡무진 제멋대로 군대가 혼란스럽게 된다.

將弱不嚴 敎道不明 吏卒無常 陳兵縱橫 日亂
장 약 불 엄　교 도 불 명　이 졸 무 상　진 병 종 횡　왈 란

❀ • • • • • •

총지휘관이 의지가 박약하고 결단성이 없다. 따라서 평소의 훈련도 철저 하지 않다. 만사가 부득 요령이다. 이렇게 되면, 이를 따르는 사관이나 병졸 도 일정한 규율이라는 것이 없어져 마침내 실전이 되어도 포진에 통일성이 없고, 혹은 종횡으로 제각기 떨어져, 행동의 통일이 이루어지지 않는다. 이 것이 난병(亂兵)이다.

제10장 지형편(地形篇)

장수가 정확한 판단을 못하면 패배하게 된다

장수가 적의 형세를 정확히 판단하지 못한다면, 소규모의 아군으로 대규모의 적병과 싸우게 된다. 나약한 군대로 강한 적을 공격하게 되고 정예병을 선별하여 운용하지 못하게 되어 패배하게 된다. 이상의 여섯 가지는 패배의 길이다. 장수의 지극한 책임이므로 잘 살피지 않으면 안 된다.

將不能料敵 以少合衆 以弱擊强 兵無選鋒 曰北
장 불 능 요 적　이 소 합 중　이 약 격 강　병 무 선 봉　왈 배

凡此六者 敗之道也 將之至任 不可不察也.
범 차 육 자　패 지 도 야　장 지 지 임　불 가 불 찰 야

총대장에게 적의 실력을 정확하게 판정하는 능력이 결여되어 있으면, 소수 병력으로 다수의 적과 싸우게 된다. 이 형태로는 도저히 유력한 정예부대를 선두에 세워서 당당한 진용으로 결정한다는 것은 엄두도 내지 못할 것이다. 따라서 패배한 병사들은 제멋대로 도망을 친다. 이것이 배병(北兵)이다. 이상 주, 이, 함, 붕, 난, 배의 여섯 가지 형태는 패군의 전형적인 것이다. 이와 같은 결과에 대한 최고 책임은 총대장에게 있으니, 유의해야 할 것이다.

수뇌부에 일의 비중을 분별할 능력이 없는 채 덮어놓고 덤벼든다. 무조건 전력을 쏟으면 되겠지 하는 사고방식으로는 도저히 큰 일을 할 수가 없다. 이렇게 조종되는 것이 배병(北兵)이다. 이상 여섯으로 분류한 사업경영 형태가 전부 패배의 길이며, 최악으로 사람을 쓰는 방법이라고 한다. 이것을 근대기업에 적용시켜 보면 예외가 있겠지만 웬만한 것은 다 말하고 있는 것 같다. 손자의 충고를 존중하면서 크게 살펴야 할 문제가 아닌가 한다.

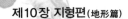

제10장 지형편(地形篇)

지형(地形)을 잘 이용해야 한다

무릇 지형(地形)은 군사를 보조해 준다. 적의 상황을 잘 통제하여 승리를 하고 지형의 험난함과 위험, 멀고 가까움을 계산하는 것이 상장군이 해야 할 일이다. 이것을 잘 이용하여 전쟁을 하는 자는 반드시 승리하고, 이것을 잘 이용하지 못하고 전쟁을 하는 자는 반드시 패배한다.

夫地形者 兵之助也 料敵制勝 計險厄遠近 上將之道也.
부 지 형 자 병 지 조 야 요 적 제 승 계 험 액 원 근 상 장 지 도 야

知此而用戰者 必勝 不知此而用戰者必敗.
지 차 이 용 전 자 필 승 부 지 차 이 용 전 자 필 패

🎴 • • • • • •

　지형이란, 결국 전투의 보조적인 것이 되고 만다. 상대를 알고, 이겨야 할 틀림없는 방법을 세우며, 나아가 지형의 원근이나 그 험난한 것을 고려해 넣는다. 이것이 총지휘관의 임무가 되는 것이다. 따라서 이 이치를 충분히 터득하고 이 법칙대로 싸움을 하면, 반드시 승리할 수 있다.

　고구려와 수나라 사이에는 598년부터 614년까지 모두 네 차례 걸쳐서 전쟁이 일어났다. 살수 대첩은 그중 두 번째 전쟁 중 벌어진 전투이다.

　612년 수양제는 직접 113만 명이라는 엄청난 대군을 이끌고 고구려를 침공했다. 수양제는 병사들에게 각자 100일치의 식량인 쌀과 갑옷, 천막까지 갖고 가게 하여 병사들은 무게를 이기지 못해 식량을 버리고 갔다.

　을지문덕은 수군의 공성무기를 수군이 지나가는 길에 숨어 있다 불시에 공격하여 대부분 잃게 만들었다. 그리고 을지문덕은 식량이 부족한 수군을

상대로 전투를 하다가 일부러 도망치기를 반복하면서 수군을 지치게 만들었다. 지원군도 도착하지 않아서 당황하고 있는 수군의 장수 우중문에게 시 한 편을 지어 보냈다. 돌아갈 명분을 만들어 주기 위해서였다.

우중문은 이 편지로 군사를 돌릴 핑계로 삼고 돌아가 청천강인 살수를 건너게 되었다. 을지문덕은 강을 최대한 이용하였다. 막은 보를 한꺼번에 터뜨리며 총공격을 퍼부었다.

이 살수전투에서 수의 대군은 거의 전멸당하고 말았다. 30만 명이 넘는 대군 중에서 살아서 돌아간 병사는 겨우 2,700명에 불과했던 것이다. 수양제는 싸울 것을 포기하고 돌아갔으며, 복수를 위해 그 후 두 번 더 고구려를 침략했지만 모두 실패했다.

제10장 지형편(地形篇)

장수는 소신 있는 판단을 해야 한다

그러므로 전쟁에서 반드시 승리할 판단이 선다면, 군주가 전투를 하지 말라고 명령해도 필히 전투를 하는 것이 가능하다. 전쟁의 이치로 보아 이길 수가 없다면 군주가 꼭 싸우라고 하더라도 반드시 싸워선 안 된다. 그러므로 나아가도 명성을 구하지 않고, 물러서도 죄를 피하지 않으며, 오직 백성을 편안하게 보전하여 군주를 이롭게 하는 장수가 나라의 보배이다.

故戰道必勝 主曰無戰 必戰可也 戰道不勝 主曰必戰 無戰可也.
고 전 도 필 승 주 왈 무 전 필 전 가 야 전 도 불 승 주 왈 필 전 무 전 가 야

故進不求名 退不避罪 惟民是保 而利合於主 國之寶也.
고 진 불 구 명 퇴 불 피 죄 유 인 시 보 이 리 합 어 주 국 지 보 야

충분히 검토한 결과 승리를 장담할 수 있을 때는 군주가 싸우지 말라고 명령을 내려도 거역하고 싸워도 괜찮다. 반대로 싸우라는 군명이 있어도 가망이 없다고 판단되면 절대로 싸우지 말아야 한다. 진퇴에 있어서 명성을 찾지 않고, 처벌을 두려워하지 않으며, 민심을 편안케 하는데 노력하여, 주군을 유리하게 하는 수단에 몰두하는 명장은 나라의 보배이다.

황석공은 성명(聖明)한 군왕과 지장(智將)의 관계에 대해 이렇게 말한다.

"군을 진격시키고 사(師)를 보내는 것은 장군이 혼자서 결정해야 할 일이다. 진퇴에 대해서까지 일일이 다른 곳(군주)에서 명령을 받아서는 공을 세우기가 어렵다. 그러므로 영명한 천자는 장수를 보낼 때는 이렇게 말했다. '국내 문제는 내가 맡겠다. 장군은 국외 문제를 처리해 주게.' 그리고 장수의 수레를 스스로 밀어주었던 것이다."

제10장 지형편(地形篇)

군사들 보기를
사랑하는 아들처럼 하라

군사들 보기를 어린아이같이 하라. 그러면 그들과 함께 깊은 골짜기도 갈 수 있다. 군사들 보기를 사랑하는 아들처럼 하라. 그러면 그들과 함께 죽음까지도 무릅쓸 수 있을 것이다. 장수가 부하를 대할 때 너무 후하게 해주어 부리지 못하고, 너무 사랑하여 명령하지 못하여 혼란한 것을 다스리지 못한다면 비유하건대 마치 버릇없는 자식과 같아 쓸모가 없게 된다.

視卒如嬰兒 故可以與之赴深溪 視卒如愛子 故可與之俱死.
시 졸 여 영 아   고 가 이 여 지 부 심 계   시 졸 여 애 자   여 가 여 지 구 사

厚而不能使 愛而不能令 亂而不能治 譬如驕子 不可用也.
후 이 불 능 사   애 이 불 능 령   난 이 불 능 치   비 여 교 자   불 가 용 야

장군이 병졸을 돌보고 기르는 것은 마치 어버이가 젖먹이를 키우듯 해야 한다. 이렇게 해야만 깊고 무시무시한 골짜기 속이나, 나락(奈落) 속에라도 함께 손을 잡고 갈 수가 있다. 또 군사를 보살필 때 사랑스런 친자식을 대하 듯 하면 죽어도 같이 죽고 살아도 같이 산다는 기분이 되는 것이다. 장수가 된 자는 군사를 자기자식과 같이 사랑하고 보살피면 반드시 나중에는 그 군사가 어떠한 위험도 가리지 않고 생사를 같이하게 된다.

춘추 전국시대의 위(衛)나라 사람 오기(吳起)는 위(魏)나라의 문후가 현군 이란 말을 듣고 부하가 되려고 생각했다. 문후는 신하 이극에게 물었다.

"오기란 어떤 인물인가?"

"용맹에 관해서는 사마양저도 따르지 못합니다."

그래서 위 문후는 오기를 장군으로 임명하여 진(秦)나라를 치게 하였다.

오기는 진의 성 다섯 군데를 함락시켰다. 오기는 최하급의 병사와 같이 생활하였다. 잠잘 때도 요를 깔지 않았고, 수레나 말을 타지 않았다.

어느 날 한 병사가 종기로 고생하자, 오기는 손수 그 병사의 고름을 입으로 빨아 주었다. 그 소식을 들은 병사의 어머니는 울며 슬퍼하였다.

"기뻐해야 할 일인데 어째서 우십니까?"

이상하게 생각한 동네 사람이 그 까닭을 묻자 이렇게 대답했다.

"아닙니다. 옛날 오 장군은 그 애 아버지의 고름도 빨아 주셨습니다. 감격한 그 애의 아버지는 용감히 싸우다가 전사했지요. 이번에 또 장군이 그 애의 고름을 빨아 주셨다면 그 애 또한 죽음을 두려워하지 않을 게 아닙니까."

부하를 진심으로 사랑하고 아끼면 그는 목숨으로 보답한다.

제10장 지형편(地形篇)

반은 이기고
반은 진 경우

아군의 군사로 공격해도 된다는 것을 알되, 적군을 쳐서는 안 된다는 것을 모르면, 승리의 반이다. 적을 쳐도 좋다는 것을 알되, 아군의 군사로 쳐서는 안 된다는 것을 모르면, 승리의 반이다. 적군을 쳐야 함을 알고, 아군의 군사로 쳐야 함을 알아도, 싸울 수 없는 지형임을 모르면, 반은 이기고 반은 질 것이다.

知吾卒之可以擊 而不知敵之不可擊 勝之半也
지 오 졸 지 가 이 격　이 부 지 적 지 불 가 격　승 지 반 야

知敵之可擊 而不知吾卒之不可以擊 勝之半也
지 적 지 가 격　이 부 지 오 졸 지 불 가 이 격　승 지 반 야

知敵之可擊 知吾卒之可以擊 而不知地形之不可以戰 勝之半也
지 적 지 가 격　지 오 졸 지 가 이 격　이 부 지 지 형 지 불 가 이 전　승 지 반 야

❀ • • • • • •

　적을 격멸할 수 있을 정도의 실력인 줄은 알고 있어도 적의 실력을 잘 모른다면 이 승부는 승패가 상반이라고 할 수 있다. 또 상대의 실력을 잘 알고 있더라도 자기편의 실력을 잘 모르는 경우 또한 승패는 반반이라 하겠다. 또 양쪽을 다 알고 있어도 전쟁터가 되는 지형과의 관계를 잘 모른다면 역시 승부는 반반이라고 할 수가 있다.

땅을 알고 하늘을 알면 승리는 완전하다

그러므로 군사를 잘 아는 사람은 움직이면 망설이지 않고, 군사를 일으켜도 궁지에 몰리는 일이 없다. 그러므로 말하기를, '그를 알고 나를 알면, 승리는 곧 위태롭지 않고, 하늘을 알고 땅을 알면, 승리는 곧 완전할 수 있다.'고 말하는 것이다.

故知兵者 動而不迷 擧而不窮
고 지 병 자 동 이 불 미 거 이 불 궁

故曰 知己知彼 勝乃不殆 知地知天 勝乃可全
고 왈 지 기 지 피 승 내 불 태 지 지 지 천 승 내 가 전

🔖 • • • • • •

지형편의 마지막 맺는 말이다. 지금까지 말해 온 바와 같이, 전쟁은 잘 알고만 있으면 움직이고 나서 망설일 필요도 없고, 일단 일을 벌인 뒤에는, 막다른 골목으로 들어가는 실패도 없을 것이다. 이것이 이른바 상대를 알고 자기를 알면 승리의 위태로움은 없을 것이고, 천시(天時)를 알고 지리(地利)를 알면 완전한 승리를 얻을 수 있다는 옛말대로 되는 것이다. 승리는 절대로 우연이란 것이 없다. 이길 만한 이유가 있기 때문에 이기는 것이다.

지형이란 전쟁터로서 객관적인 정세이다. 철저하게 아는 것을 토대로 지형 지물을 실전에 유리하도록 응용할 수 있는 능력이 있어야 한다.

제11장

구지편
九地篇

구지편에서는 앞의 지형편에 계속하여 지리적인 것에 관
계되는 전반적인 문제, 즉 구지구변이란 것을 비롯하여 그
것과 관련된 사고방식을 발전 시켜서 설명하려는 것이다.

제11장 구지편(九地篇)

용병법에는
아홉 가지의 지형이 있다

손자가 말하였다. 군사를 다스리는 방법에는 산지가 있고, 경지가 있고, 쟁지가 있고, 교지가 있고, 구지가 있고, 중지가 있고, 비지가 있고, 위지가 있고, 사지가 있다.

孫子曰 用兵之法 有散地 有輕地 有爭地 有交地
손 자 왈 용 병 지 법 유 산 지 유 경 지 유 쟁 지 유 교 지

有衢地 有重地 有圮地 有圍地 有死地
유 구 지 유 중 지 유 비 지 유 위 지 유 사 지

⸙ • • • • • •

앞에서 다룬 같은 문제가 다시 등장한 이유는, 전혀 다른 관점에서 살펴보고 있기 때문이다. 용병에 대하여 운용되는 구지구변의 법칙은 중요하여 병사를 통솔하는 장수는 반드시 자유자재로 활용할 수 있어야 한다.

산지(散地), 경지(輕地), 쟁지(爭地)란?

제후가 스스로 자기 나라 땅에서 싸우는 것을 산지라고 한다. 남의 땅으로 들어가도 깊이 들어가지 않은 것을 경지라고 이른다. 아군이 얻으면 이롭고, 적이 얻으면 또한 이로운 곳을, 쟁지라고 한다.

諸侯自戰其地 爲散地 入人之地不深者 爲輕地
제 후 자 전 기 지 위 산 지 입 인 지 지 부 심 자 위 경 지

我得則利 彼得亦利者 爲爭地
아 득 즉 리 피 득 역 리 자 위 쟁 지

〰 • • • • • •

제후가 자기의 영토 안에서 전쟁을 벌일 경우에는 모두 연고가 깊은 토지로서 가까운 친척과 아는 사람들이 많이 있는 곳이다. 따라서 싸움에 임한 사기가 좀처럼 하나로 뭉쳐지지 않기 때문에 산만해지기 쉽다. 이것이 산지이다.

또 타국의 영토 내에 침입하여 벌이는 전투는 깊숙이 들어가서 싸우는 경우가 아니라면 고국에 대한 미련에 끌리기 쉬울 뿐만 아니라, 고국에 대한 정보가 귀에 들어오기 때문에 이 또한 자칫하면 동요되기 쉽다. 이것이 경지이다.

그리고 그 곳을 손에 넣으면 전략상 극히 유리하다는 토지는 한걸음 앞서서 점령하는 쪽이 승리를 얻는다. 그러한 곳은 앞을 다투어서 손에 넣으려고 한다. 이것이 쟁지이다.

제11장 구지편(九地篇)

교지(交地), 구지(衢地), 중지(重地)란?

아군도 공격할 수 있고 적군도 올 수 있는 곳을 교지라고 한다. 제후의 땅이 세 나라에 접하고 있어서, 먼저 이르러 얻으면, 천하의 백성들을 모아 천하를 얻을 수 있는 곳을 구지라고 한다. 적의 영토 깊숙이 쳐들어가서 점령한 많은 성읍들이 배후에 있는 곳을 중지라고 한다.

我可以往 彼可以來者 爲交地
아 가 이 왕 피 가 이 래 자 위 교 지

諸侯之地三屬 先至而得天下衆者 爲衢地
제 후 지 지 삼 속 선 지 이 득 천 하 중 자 위 구 지

入人之地深 背城邑多者 爲重地
입 인 지 지 심 배 성 읍 다 자 위 중 지

❋ • • • • • •

　아군도 가기 쉽고 적군도 오기 쉬운 곳, 이것이 교지이다. 또 요지 중의 요지라는 급소, 이것이 구지이다. 그리고 적의 성지보다 더 깊숙하게 들어간 곳이 중지이다. 이곳까지 들어가면 결코 가볍게 행동할 수 없게 된다.

　누구나 손쉽게 할 수 있는 일이 있으며, 누구의 손에도 잡힐 수 있는 경우도 있을 것이다. 이것이 교지이다.

　또 이곳만 꽉 잡고 있으면 모든 방면의 목덜미를 누를 만한 급소와 같은 곳이 있는 법이다. 그러한 곳은 많은 사람들과 직접 이해관계가 큰 곳이다. 그만큼 어려운 곳이기도 한데, 이것이 구지이다.

　그리고 돌이키려고 해도 돌이킬 수 없는 경지, 즉 돌이키면 주위의 희생이 너무나도 큰 영역을 중지라고 한다.

244 ●

비지(圮地), 위지(圍地), 사지(死地)란?

산림과 험지와 늪지대 등, 무릇 가기 어려운 땅을 비지라고 이른다. 또 들어가는 길목은 좁고, 멀리 돌아가야 하며, 적이 적은 수효로 이쪽의 많은 수효를 칠 수 있는 곳을 위지라고 이른다. 속히 싸우면 살아 남아도, 속히 싸우지 않으면 곧 망하는 곳을 사지라고 한다.

行山林險阻沮澤 凡難行之道者 爲圮地 所由入者隘 所從歸者迂
행 산 림 험 조 저 택　범 난 항 지 도 자　위 비 지　소 유 입 자 애　소 종 귀 자 우

彼寡可以擊吾之衆者 爲圍地 疾戰則存 不疾戰則亡者 爲死地
피 과 가 이 격 오 지 중 자　위 위 지　질 전 즉 존　부 질 전 즉 망 자　위 사 지

깊은 산속의 밀림이나 험준한 곳 또는 질척질척한 습지 등 모든 군사를 행군시키는 데 있어서 곤란을 느끼는 곳을 비지라고 이른다.

입구가 좁은 데다 돌아가려고 할 때는 크게 우회하지 않으면 안 되는 악조건을 믿고, 적은 병력으로 아군의 대병력을 공격할 수 있는 곳을 위지라고 한다.

결단성 있게 속전속결이라는 비상수단을 씀으로써 혹 살아 나올 수 있을지 모르나, 그러한 수단을 쓰지 않는 한 십중팔구 전멸할 수 있는 곳을 사지라고 이른다.

산지, 경지, 쟁지에서의 대응법

그러므로 산지에서는 싸우지 말고, 경지에서는 머무르지 말며, 쟁지에서는 공격하지 말아야 한다. 중지에서는 보급품을 현지에서 조달하고, 비지에서는 바로 가고, 위지에서는 모략을 세우고, 사지에서는 바로 싸워야 한다.

是故 散地則無以戰 輕地則無止 爭地則無攻
시 고 산 지 즉 무 이 전 경 지 즉 무 지 쟁 지 즉 무 공

重地則掠 圮地則行 圍地則謀 死地則戰
중 지 즉 략 비 지 즉 항 위 지 즉 모 사 지 즉 전

* * * * * *

지금까지 살펴본 아홉 종류의 이상(異常) 경지에 대처하는 데 필요한 대책을 요약하여 설명하고 있다. 산지에서는 무엇보다도 싸움을 벌여서는 안 된다. 가급적 국외로 유도하지 않으면 사기가 하나로 집결되지 않는다. 쟁지에서는 꾸물거리지 말고 부리나케 전진해야 한다. 이러한 곳에서 멈추어 제자리걸음을 하고 있는 것은 절대 금물이다. 쟁지는 만약, 이쪽에서 늦었을 경우라면 공격하는 것은 손해이다. 상대도 손쉽게 포기하려 들지 않을 것이다. 이는 지형 자체가 그렇게 해야 할 만큼 유리한 지역이기 때문이다.

제11장 구지편(九地篇)
교지, 구지, 중지에서의 대응법

교지에서는 곧 교통이 차단되어서는 안 되며, 구지에서는 제3국과 외교관계를 맺어야 하며, 중지에서는 보급품을 현지에서 조달, 즉 약탈하여 써야 한다.

交地則無絕 衢地則合交 重地則掠
교 지 즉 무 절 구 지 즉 합 교 중 지 즉 략

⊕ • • • • • •

사방으로 쭉쭉 뻗은 교통이 편리한 곳에 들어가면 부대 사이에 틈이 생기지 않도록 주의해야 한다. 상호 연락이 긴밀하지 않으면 사방에 눈이 있으므로 허를 찔릴 위험이 도사리고 있기 때문이다. 각국이 국경을 접하고 있는 지역에서는 그 여러 나라와의 접촉을 빈틈없이 대비해야 한다. 헛된 마찰은 싸움의 장애가 된다. 그리고 타국 내부로 깊숙이 들어갔을 때는 가능한 한 양식 등은 현지조달을 하고, 불가피할 때는 약탈할 결심도 필요하다.

어쩌다 한 번 소비자들의 인기를 얻으면 우후죽순 격으로 같은 제품이 쏟아져 나와 경쟁을 시작한다. 이것은 교지의 일종이다. 이러한 경우에 꼭 필요한 대항책은 손자가 말하는 '끊지 말라'는 것으로 파고들 틈을 주어서는 안 되는 것이다. 어느 정도의 지반과 평판이 결정될 때까지 단숨에 밀고 나아가는 것이 무엇보다도 중요하다.

이것과 상황이 다소 비슷한 것으로 구지가 되면 오직 앞에서 예로 든 유행이 아니라 누구나 당연히 손을 대는 일이라는 것과 누구와도 공통성이 있는 제품 생산이 이에 해당될 것이다. 이 경우에는 절대로 자만해서는 안 된다. 일반 수요의 동향, 각사 제품의 움직임, 그 특성과 결점과 장단점에 늘 세심한 주의를 기울일 필요가 있다. 이것이 곧 '사귐을 합한다'는 것이다. '중지에서는 곧 약탈하라'는 말은 상대의 이러한 특징을 전부 소화시켜서 남김없이 자기 것으로 만들라는 것이다. 또한 더 우수한 것으로 만들어서 될 수 있으면 상대의 단골까지도 손아귀에 넣는 노력이 필요하다.

비지, 위지, 사지에서의 대응법

비지에서는 싸우지 말고 재빨리 통과해야 하며, 위지에서는 전략적인 철수를 해야 하며, 사지에서는 결전을 할 수밖에 없다.

圮地則行 圍地則謀 死地則戰
비 지 즉 항   위 지 즉 모   사 지 즉 전

불리한 곳에서는 절대로 머무르지 말고 가능한 한 신속하게 전진해야 한다. 또한 산속 분지라든가 강어귀의 삼각주처럼 사방이 막힌 지형에서의 싸움은 상대의 의표를 찌르는 묘책을 써야 한다. 이것이 위지의 계략이다. 사지에서는 이론도 책략도 없다. 오직 싸울 뿐이다. '죽음 속에 살아남아 있다'란 이러한 경우를 두고 한 말일 것이다.

죽음을 각오하고 부딪쳐 나아가면 뜻밖의 활로가 열리게 된다. 무슨 일이 있더라도 개죽음을 당해서는 안 된다. 가능한 한도까지 최후의 일전을 시도해야 할 것이다.

오나라가 강대해진 것은 춘추시대의 합려가 왕이 되었을 무렵이다. 초나라와 월나라를 쳐서 국력을 크게 신장시킨 그들에게 무장 손무의 존재가 있었다. 위지란 나아갈수록 험하고 좁아져서 되돌아서려 해도 길이 멀고,

그냥 참고 견디려면 양식이 결핍되어 버리는 곳이다. 따라서 소수의 군사로 상대의 대군을 칠 수가 있다. 합려가 손무에게 물었다.

"우리들이 위지로 들어가 앞에 강적을 맞이하고 뒤가 험준하면, 적은 우리의 양도(糧道)를 끊고 유인하여 움직이게 한 뒤, 우리의 행동을 엿볼 것이다. 어찌하면 좋겠는가?"

손무가 대답하였다.

"위지에서 버티려면, 길을 막고 왕래를 못하게 해야 합니다. 전군(全軍)이 한 집안같이 되어 마음을 합하고 힘을 합해야 합니다. 그리고 수 일이 지나 밥 짓는 연기가 보이지 않게 되면 당장이라도 격파할 수 있는 약하디 약한 형태로 보일 것입니다. 적이 이 모습을 보면 대비에 허점이 생기는 법입니다. 그때 병사들을 격려하고 분기시켜서 진에는 정예를 매복시키고, 험준한 곳을 골라 징과 북을 울리며 공격해 나아가는 것입니다. 만약 적과 만나면, 빠르고 날카로운 공격으로 전후를 열고, 좌우 군사를 머무르게 하여 적을 제어하면 됩니다."

"그러나 적이 포위 속에서 조용히 잠행하여 기묘한 꾀로 유인하고, 기를 보일락말락하며 혼란케 하여, 무엇이 무엇인지 모르는 상태가 되었을 때는 어떻게 하는가?"

"1,000명이 기로써 혼란케 하고, 길을 막고 소수로 도발해도 진에서 공격해 나아가면 안 됩니다. 이것이 기묘한 꾀를 지게 하는 수단입니다."

춘추전국시대 때 중원에서 패권을 다툰 제장(諸將), 제후(諸侯)의 싸움 중에서, 위지를 둘러싸고 벌인 공방전은 수 없이 많다. 적을 빈틈없이 알고 싸우는 전투는 일진일퇴였음에 틀림없다. 지금 여기서 말할 수 있는 것은 위지에 빠졌다고 깨달았을 때는 기수기계, 즉 생각지도 못하는 수를 써서 탈출할 수밖에 없다는 것이다.

제11장 구지편(九地篇)

적군의 전후방이
서로 연락하지 못하게 하라

이른바 예로부터 군사를 잘 쓰는 자는, 능히 적군의 전후방이 서로 연락하지 못하도록 하며, 대부대와 소부대가 서로 응원하지 못하게 하며, 지휘관과 사병이 서로 구원하지 못하게 하며, 상급 부대와 하급 부대가 서로 협조하지 못하게 하며, 군사가 흩어져 모이지 못하게 하며, 집합해도 정연하지 못하게 한다. 아군은 조건이 유리하면 움직이고 불리하면 중지한다.

所謂古之善用兵者 能使敵人前後不相及 衆寡不相恃 貴賤不相救
소 위 고 지 선 용 병 자　능 사 적 인 전 후 부 상 급　중 과 부 상 시　귀 천 부 상 구

上下不相扶 卒離而不集 兵合而不齊 合於利而動 不合於利而止
상 하 부 상 부　졸 리 이 부 집　병 합 이 부 제　합 어 리 이 동　불 합 어 리 이 지

🏵 • • • • • •

전쟁에 능한 명장은 대체로 다음과 같은 방법을 사용한다. 먼저 적군의 전진과 후진 사이에 연락이 닿지 않게 하거나 대부대와 소부대가 전혀 별개로 활동하여 상호원조의 길이 막히도록 하였다. 또 상관과 군사, 막료 간부와 전선 부대 사이에 협력 관계를 유지하지 못하도록, 상하의 불일치, 불통일을 초래시키고, 혹은 제각기 흩어지거나 한 곳에 뭉쳐서 정연한 전력이 되지 못하도록 하였다.

아군이라면 몰라도 상대하는 적군을 그렇게 맘대로 휘두를 수가 있을 것인가 하고 의문이 들겠지만, 그 방법은 다음 조항 이하에서 설명하고 있다. 더욱이 전쟁시기의 유리함과 불리함에 대한 식별이 날카로워 유리하다고 보면 지체 없이 움직이고, 불리하다고 보면 자중하여 꼼짝도 하지 않는 태세를 잘 분간하여 명령을 내렸던 것이다.

전국시대에 위나라 대군에게 공격을 받아 도읍인 한단을 포위당한 조나라는 이웃의 제나라에게 구원을 요청했다.

제나라 장수 전기(田忌)가 급히 한단을 진격하려 들자, 제나라의 군사인 손빈이 다음과 같이 제안하였다.

"위나라 군사와의 정면승부는 우리 쪽에 불리합니다. 이런 때는 수비가 상대적으로 허술한 위나라의 수도를 공격합시다. 그러면 위나라는 한단의 포위를 풀어버리고 서둘러 철수할 것입니다. 그때를 노려서 공격하면 어떻겠습니까?"

결국 제나라는 대승을 거두었고 아울러 조나라도 구하게 되었다.

제11장 구지편(九地篇)

적군이 아끼는 곳을 빼앗으라

감히 묻노니, "만일 적군이 대오를 정비하고 장차 공격해 온다면 어떻게 하겠는가?" 하면,
말하기를, "먼저 그 사랑하는 곳을 빼앗으면 곧 그 뜻대로 될 것이다."라고 할 것이다.

敢問 敵衆整而將來 待之若何 曰先奪其所愛 則聽矣
감 문 적 중 정 이 장 내 대 지 야 하 왈 선 탈 기 소 애 즉 청 의

정예부대가 공격을 시작했을 때, 상대방이 가장 주도적으로 지키려고 하
는 곳을 공격해 원하는 바를 탈취하는 것이다. 전략적 요충지일 수도 있고
군수물품이라든가 식량 창고, 탄약고, 보급로 등 여러 가지가 있을 것이다.
그중 가장 중요하게 생각하고 있는 것을 먼저 공략하게 한다. 이렇게 하면
확실한 효과가 있다. 전략적인 가치라기보다도 정신적인 충격을 주어서 상
대를 심리적으로 동요케 하는 것이 목적인 것이다. 상대편에게 일단 동요
가 생기고 나면, 이쪽의 작전이 파고들 여지가 생긴다. 그곳을 파고들어감
으로써 상대편의 정연함에 혼란을 줄 수가 있다. 싸움에 임하였을 경우, 그
군사의 움직임과 태세는 무엇보다도 속도가 제일이다. 이를테면 다소 상대
편의 손이 미치지 못한다고 생각하였을 때는 바로 틈을 주지 말고 상대편
이 뜻하지 않은 의외의 방향에서 특별한 경계를 하지 않고 있는 곳을 공격
하는 방법이다.

제11장 구지편(九地篇)

신속하게
경계하지 않는 곳을 공격하라

군대의 정세는 신속해야 한다. 적군이 미치지 못함을 틈타, 적군이 미처 생각지 못한 길을 따라, 그들이 경계하지 않는 곳을 공격해야 한다.

兵之情主速 乘人之不及 由不虞之道 攻其所不戒也
병 지 정 주 속 승 인 지 불 급 유 부 우 지 도 공 기 소 불 계 야

기습은 상대의 급소를 가하여 상대의 태세를 무너뜨리고 휘저어 놓는다. 전쟁터에서의 거래란 신속이 제일이다. 기상천외한 곳에서 상대의 불의를 찌르는 것이다. 여기서 주목할 점은 우선 상대의 태세를 흐트러 놓고 그곳으로 파고드는 수단이다. 상대의 태세를 교란시키는 방법은 상대가 가장 관심을 가지고 있는 곳을 혼란에 빠뜨리는 것이다. 이 방법은 일상 대인적인 교섭 등에도 그대로 적용된다. 논쟁 같은 것을 해야 할 때도 반드시 필요한 지식이다.

정면에서 똑바로 부딪쳐 가는 것은 좀처럼 승리를 얻기 힘든 방법이다. 먼저 상대의 급소를 찌르면 상대는 반드시 당황한다. 그러나 그 당황함을 피하고 그대로 파고들면 싸움이 길어지므로 재빨리 방향을 바꾸어서 상대가 생각지도 않고 있던 곳에 공격을 가한다. 이것은 만만치 않은 상대를 설파할 때의 논쟁 방법이다.

당나라 무덕(武德) 8년 8월에 이정(李靖)은 기주(冀州)에 군사를 크게 모으고, 강릉에 의거하여 저항하는 소선(蘇銑)을 토벌하였다. 때는 마침 가을 장마의 계절이라 강물은 넘칠 듯 불어나고, 삼협(三峽)의 길도 물에 잠겼기 때문에 이정의 군사가 진격을 못할 것이라고 판단한 소선은 드디어 병사들을 쉬게 하고 방비도 굳히지 않고 있었다. 9월에 이정은 군사를 이끌고 진격하여 골짜기를 내려 가려고 하니, 휘하의 뭇장수들은 입을 모아 말하였다.

"병을 머무르게 하고 물이 빠지기를 기다리도록 합시다."

그러나 이정은 말하였다.

"싸움은 신속이 첫째이다. 기회를 잃어서는 안 된다. 지금 군사를 모았으나, 소선은 모르고 있을 것이다. 넘쳐 흐르는 수세를 틈타서 홀연히 성하에 나타나면, 천둥 번개는 귀를 막을 틈도 없다는 말과 같이 당황하여 군사를 모아도 아군을 막을 도리는 없을 것이다. 반드시 포로가 될 것이다."

이렇게 하여 전함 2,000여 척을 이끌고 동쪽으로 내려가 형문과 의도 두 성을 함락하고, 이릉에 이르렀다. 그런데 소선의 장수 문사홍(文士弘)이 정병 수만 명을 이끌고 청강에 주둔하고 있었다. 효공(孝恭)이 공격하려고 하였으나 이정은 극구 말렸다.

"저것은 원군이기 때문에 아무런 책략도 세우지 못하고 있다. 따라서 저 기세는 오래 가지 못한다. 잠시 남안에서 동태를 살피자. 하루쯤 지나면 적은 반드시 그 군사를 나누어 반은 남아서 우리 군사를 막고, 반은 돌아가서 수비를 할 것이다. 군사가 분산되면 그 기세는 약화된다. 그 약화된 점을 노리고 공격하면, 이기지 못할 리 없다. 지금 갑자기 공격을 하면, 적은 힘을 합치고 죽자 사자 덤빌 것이다. 초나라 군사는 겁이 없어서 다소 힘든 상대이다."

효공이 말을 듣지 않고 스스로 군사를 이끌고 공격하였다가 과연 패주하여 겨우 남안에 와 닿았다. 소선의 군사는 배를 버리고 약탈하여 뒤질세라 무거운 짐을 졌다. 이정은 때를 놓치지 않고 군사를 파견시켜 크게 격파한 후 승승장구 강릉으로 돌입하였다.

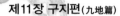
군사가 힘을 다해 싸우게 하라

무릇 남의 나라 길에 진격했을 때는, 깊이 들어가면 곧 전력을 다하게 되므로, 주인이 이를 이기지 못한다. 풍요로운 들을 약탈하여, 삼군의 식량이 넉넉하면, 삼가 길러서 수고롭게 하지 말고, 기운을 합쳐 힘을 축적하며, 군사를 운용하는 계략을 써서, 추측하지 못하게 하고, 갈 곳이 없는 곳으로 던지면, 죽을지라도 도망하지 않고, 죽고 나면 얻을 것이 없으므로, 군사는 힘을 다하여 싸울 것이다. 병사가 깊이 빠지면 곧 두려워하지 않고, 갈 곳이 없으면 곧 굳혀지며, 들어감이 깊으면 곧 구속되고, 불가피하면 곧 싸운다.

凡爲客之道 深入則專 主人不克
범 위 객 지 도　심 입 즉 전　주 인 부 극

掠於饒野 三軍足食 謹養而勿勞 倂氣積力
약 어 요 야　삼 군 족 식　근 양 이 물 노　병 기 적 력

運兵計謀 爲不可測 投之無所往 死且不北 死焉不得 士人盡力
운 병 계 모　위 불 가 측　투 지 무 소 왕　사 차 부 배　사 언 부 득　사 인 진 력

兵士甚陷則不懼 無所往則固 深入則拘 不得已則鬪
병 사 심 함 즉 부 구　무 소 왕 즉 고　심 입 즉 구　부 득 이 즉 투

❀ • • • • • •

　객군으로서 적지에 깊숙이 침입하였을 경우라면, 그곳은 적지이므로 추호의 방심도 없이 긴장하고 있을 것이다. 따라서 중지(重地)에서의 싸움이므로 될 수 있는 한 식량을 상대국의 농작지대에서 현지 조달하여 양식수송을 위한 별도 병력을 쓰지 않음으로써 병사들의 사기나 건강 상태를 편하게 해주어야 한다. 이렇게 배려해 주면 전군은 결속을 하게 되고, 기력도 하나로 뭉치게 된다. 이미 죽을 각오를 하고 나면 안 되는 일이 없는 법이다.

　조나라의 혜문왕이 초나라의 화씨의 구슬을 손에 넣었다. 그 사실을 안

진나라의 소왕이 진의 15개 성과 화씨 구슬을 교환하자고 제안했다. 혜문왕은 인상여를 불러서 말하였다.

"진나라가 15개 성과 화씨 구슬을 교환하자고 하는데, 어떻게 할까?"

"진나라는 강국이고 우리 조나라는 약소한 국가이니 내주지 않을 수 없겠습니다."

"구슬만 가져가고 성을 우리에게 주지 않는다면 어떻게 되는가?"

"제안을 들어주고 상대로 하여금 약점을 갖게 하는 것이 좋겠습니다."

그리하여 혜문왕은 상여에게 구슬을 주어 진나라에 보냈다. 진의 왕은 상여가 바치는 구슬을 보고 크게 기뻐하며 구슬을 돌려 궁녀와 신하들에게 마구 구경시켰다. 궁녀와 신하들은 구슬이 예쁘다면서 크게 환호하였다.

상여는 진의 왕이 조나라에 성을 내줄 의사가 없는 것을 눈치 채자 앞으로 나서며 말하였다.

"구슬에 흠이 있으니 가르쳐 드리겠습니다."

왕이 구슬을 내주자, 상여는 그것을 받아들고 일어나 뒤에 있는 기둥에 몸을 의지하였다. 그리고는 분노에 찬 음성으로 다시 말하였다.

"대왕께서는 구슬이 탐나서 조의 왕에게 서신을 보내셨군요. 조의 왕은 군신을 불러 모아 회의를 하고, 진나라에 구슬을 보내지 않겠다고 중의를 정하였습니다. 그러나 신이 주장하기를, '필부의 교제에서도 속이는 법이 없는데, 하물며 대국인 진나라가 어찌 속이겠습니까? 더욱이 구슬 하나로 강국인 진나라의 기분을 상하게 하는 것은 좋지 않습니다.'라고 하였습니다. 그래서 조의 왕은 목욕재계한 후, 신에게 구슬을 맡겨 진의 궁정에 전하라고 하셨습니다. 그런데 대왕은 신을 진나라 신하와 같이 취급하고 극히 오만하군요. 구슬을 궁녀와 신하들에게 희롱시키는 법이 어디 있단 말입니까? 신은 대왕이 성을 내줄 의사가 없는 것을 알았습니다. 그래서 신은 다시 구슬을 회수한 것뿐입니다. 대왕께서 만약 이 구슬을 강요하신다면 그때는 이 구슬과 함께 신의 머리를 기둥에 부딪쳐 자결해 보일 것입니다."

상여는 구슬을 들고 기둥을 노려보았다. 진의 왕은 놀라고 두려워서 실례를 사과하였다. 이렇게 하여 상여는 다시 구슬을 조나라로 가지고 돌아옴으로써 진나라에 대한 큰일을 무사히 끝냈다.

이것이야말로 객이 상대편에 깊이 들어가면 전력을 다하게 된다는 것을 보여준다.

제11장 구지편(九地篇)

죽음에 이르러도 이탈하지 않는다

그러한 군대는 훈련을 과하지 않아도 스스로 경계할 것이며, 요구하지 않아도 분투할 것이며, 저절로 친밀해질 것이며, 명령이 없이도 성실할 것이다. 미신을 금지하고 의심을 없애면 죽음에 이르러도 이탈하는 자가 없다.

是故其兵不修而戒　不求而得　不約而親　不令而信
시 고 기 병 불 수 이 계　불 구 이 득　불 약 이 친　불 령 이 신

禁祥去疑　至死無所之
금 상 거 의　지 사 무 소 지

막판에 이른 싸움에 관한 예가 계속 이어지고 있다. 병사란 막판에 몰려 어떻게도 할 수 없게 되면 오히려 결심이 굳어져서 강해지게 되어 최악의 경우로 몰리면 비틀거리지 않게 된다. 이렇게 적지 속으로 깊이 들어갔을 때는 제멋대로 행동할 수가 없으므로 상당한 전투력을 발휘하게 된다. 강제하지 않아도 의사는 서로 통하고 명령으로 강요하지 않아도 상호 신뢰가 있으므로 움직여야 할 방향을 이해하게 된다. 이러한 때의 금물로서는 여러 가지 미신, 즉 길흉의 예언 같은 것만 없으면 설사 죽음의 길로 몰리더라도 일치협력 태세에 이반되는 일은 생기지 않는다.

생사를 다투는 위급한 때는 모든 장병들이 한데 뭉치지 않고 제각기 흩어지는 것이 가장 두려운 일이다. 그렇지만 않으면 이러한 경우의 모든 장병들의 활동이란 의외로 강한 것이다. 오직 두려운 것은 마음에 의심이 생기는 경우다. 의심암귀의 상태라면 그 불안감에서 자연히 헛소문이 생기기

때문에, 인심의 소재를 정확하게 잡고 나가지 않으면 최후의 사생을 건 작전은 잘되지 않는다.

차라리 당당히 위기를 선언하고, 또 그 타개책이 뚜렷하게 서 있다는 것을 믿도록 하는 것이 상책일 것이다.

죽음과 맞서면
죽음보다 더한 용기가 살아난다

아군의 군사에 남긴 재물이 없음은, 재물을 싫어해서가 아니다. 남은 목숨이 없음은, 오래 살기를 싫어해서가 아니다. 출진 명령이 떨어지면 군사 중 앉은 사람은 눈물로 옷깃이 젖고, 누워 있던 군사는 눈물이 턱을 적신다. 그러한 자를 극한상황 속에 투입하면 모두 제귀(諸劌)와 같은 용기가 되살아난다.

吾士無餘財 非惡貨也 無餘命 非惡壽也 令發之日 士卒坐者涕霑襟
오 사 무 여 재 비 오 화 야 무 여 명 비 오 수 야 영 발 지 일 사 졸 좌 자 체 점 금

偃臥者涙交頤 投之無所往者 諸劌之勇也
언 와 자 누 교 이 투 지 무 소 왕 자 제 귀 지 용 야

• • • • • •

마침내 생사를 건 막다른 길로 쫓겨 들어갔을 때는 물질욕이라는 것이 없어지므로, 전쟁 때 약탈하여 모은 금전재보에 대한 집착까지도 없어지고 만다. 그리고 오늘만의 목숨이라고 생각하면 의외로 뱃심도 생긴다. 이것도 또한 죽어도 좋다는 생각이 있어서가 아니라, 생사를 초월하여 그리 문제시하지 않기 때문이다.

이러한 경지에 처하였다고 해서 누구나 욕심이 없어지고 생사에도 태연한 영웅이냐 하면 반드시 그렇지는 않다. 최후의 결전 명령이 내린 날의 양상을 보면, 조용히 앉아 눈물을 흘려 옷깃을 적시는 자도 있고, 누워 있는 자는 턱밑으로 흘러내리는 눈물을 씻으려고도 하지 않고, 그냥 내버려 두기도 한다. 자신의 생을 마감해야 한다는 슬픔 때문이다. 그러나 마침내 최후의 결전이 되면 만감이 교차되던 착잡한 심정을 깨끗이 잊고 전제나 조귀의 용맹에 뒤지지 않는 전력을 충분히 발휘한다.

제11장 구지편(九地篇)

상산의 뱀 솔연처럼
군사를 잘 다루라

그러므로 군사를 잘 다루는 사람을 비유하여 솔연과 같다고 한다. '솔연'은 상산(常山)의 뱀으로, 머리를 치면 곧 꼬리가 달려들고 꼬리를 치면 머리가 달려들며 가운데를 치면 곧 머리와 꼬리가 한꺼번에 달려든다. 감히 묻기를, 군대를 솔연처럼 부릴 수 있는가? 그럴 수 있다. 무릇 오나라 사람과 월나라 사람은 서로 미워하지만 같은 배를 타고 물을 건너다 풍랑을 만나면 서로 돕기를 좌우의 손처럼 할 것이다.

故善用兵 譬如率然 率然者 常山之蛇也 擊其首則尾至 擊其尾則首至
고 선 용 병 비 여 률 연 솔 연 자 상 산 지 사 야 격 기 수 즉 미 지 격 기 미 즉 수 지

擊其中則首尾俱至 敢問 兵可使如率然乎 曰可 夫吳人與越人相惡也
격 기 중 즉 수 미 구 지 감 문 병 가 사 여 률 연 호 왈 가 부 오 인 여 월 인 상 오 야

當其同舟而濟遇風 其相救也 如左右手
당 기 동 주 이 제 우 풍 기 상 구 야 여 좌 우 수

군사를 잘 다루는 방법은 비유하자면 솔연이란 뱀과 비슷하다. 솔연이란 상산에 있는 뱀으로, 머리를 치면 꼬리가 재빠르게 반격을 해오고, 꼬리를 치면 머리가 습격해 온다. 한가운데를 치면 머리와 꼬리가 양쪽에서 달려든다. 군사를 움직이는 데는 솔연 뱀과 같이 할 수 있겠는가 라는 질문을 해온다면, 그렇다고 단언한다. 예를 들면 극히 사이가 나쁜 오나라 사람과 월나라 사람이 같은 배를 타고 항해하다가 도중에 돌풍을 만나 배가 침몰하게 되었다고 가정하자. 그러한 경우에는 평소의 증오나 반감은 말끔히 사라지고 함께 힘을 모아 배의 침몰을 막을 것이다. 마치 한 사람이 좌우의 손을 쓰듯 일치 협력할 것임에 틀림이 없다. 사람이란 여차하면 서로 돕고 협력할 소질은 반드시 지니고 있다. 다만 그것을 잘 끌어내어 쓸 수 있느냐 하는 것이 문제이다.

제11장 구지편(九地篇)

유능한 장수는
일사불란하게 지휘한다

군사의 탈주를 막기 위해 말을 나란히 매어 두고 수레바퀴를 땅에 묻어 둔다 하더라도 그 것만으로는 믿을 것이 못되는 것이다. 전군을 통제하여 한결같이 용감하게 하나로 일치시 키기 위해서는 정치적인 지도가 필요하고, 용감한 자나 유약한 자가 가지고 있는 온 힘을 모두 발휘하게 하기 위해서는 지형의 이치를 얻어야 한다. 그러므로 군사를 잘 다루는 사 람이, 부대를 마치 손목을 마주 잡고 가듯 하나로 움직이게 할 수 있는 것은 군대로 하여 금 싸울 수밖에 없도록 하기 때문이다.

是故方馬埋輪 未足恃也 齊勇若一 政之道也 剛柔皆得 地之理也
시 고 방 마 매 륜　미 족 시 야　제 용 약 일　정 지 도 야　강 유 개 득　지 지 리 야

故善用兵者 攜手若使一人 不得已也
고 선 용 병 자　휴 수 야 사 일 인　부 득 이 야

⚜ • • • • • •

　군마를 일렬로 세워서 고삐를 서로 묶어 놓는다거나 병거의 바퀴를 땅에 파묻어서 멋대로 움직이지 못하게 하는 것이 아니므로, 강압적인 형태만을 놓고 안심할 수 있는 성격의 것은 아니다.

　용감한 사람은 앞으로 나아가고 약한 사람은 꽁무니를 뺀다는 불일치를 없이하고, 전부를 한 몸 같이 만드는 것은 오로지 군정의 힘이다. 병사들 전 원을 가치 있게 쓰는 것은 땅의 이(理)에 맞춰 가기 때문이며, 구지(九地)에 각각 적당한 방책을 쓰기 때문이다. 다시 말하면, 이상적인 용병법으로 각 자의 손을 마주 잡고 가듯 진퇴에 보조를 같이하는 것이다. 마치 한 사람과 같이 움직이게 한다는 것은 자연히 그렇게 하지 않으면 안 되기 때문이다. 강제로 되는 것은 아니다. 자연의 추세로 그렇게 되어 간다. 이것이 주요 비 결이다.

제11장 구지편(九地篇)

장수는
군사들이 작전계획을 모르게 하라

장수는 고요하고 그윽하며, 바름으로써 다스린다. 군사들의 귀와 눈을 어리석게 만들어 군의 작전계획을 알지 못하게 하며, 그가 하는 일이 바뀌고 그가 세운 전략이 바뀌어도 다른 사람들은 알 수가 없도록 해야 한다. 그 있는 곳을 바꾸고, 그 길을 돌아, 남으로 하여금 생각지 못하게 한다.

將軍之事 靜以幽 正以治 能愚士卒之耳目 使之無知
장 군 지 사 정 이 유 정 이 치 능 우 사 졸 지 이 목 사 지 무 지

易其事 革其謀 使人無識 易其居 迂其途 使人不得慮
역 기 사 혁 기 모 사 인 무 식 역 기 거 우 기 도 사 인 부 득 려

❀ ● ● ● ● ● ●

장수는 장수로서 해야 할 일이 있다. 우선 침착 냉정하며, 또 사리 바르게 통치해야 한다. 기밀에 속하는 일은 일체 군사들의 귀에 들어가지 못하도록 하여 그들을 귀머거리로 만들고, 한 번 한 일은 반복하지 않으며, 전에 썼던 모략은 두 번 다시 쓰지 않도록 하여 아군에게도 작전의 진실을 모르게 해야 한다. 그렇게 하기 위해서는 작전본부의 소재지를 시종 바꾸거나 통로도 빙빙 돌아야 하는 길을 택하는 등 될 수 있는 한 정체를 잡을 수 없도록 한다. 이것이 장수된 자가 지켜야 할 주의 사항이다.

기밀을 요하는 근본은 역시 알리지 않는 것이 요체임에는 변동이 없다. 오직 알리지 않는 것만으로는 사람들이 따라 오지 않는다. 따라서 의지하게 하는 신뢰감을 얻지 못하면 안 된다는 것을 잊지 말아야 할 것이다. 모략을 반복하지 말라는 것, 즉 한 번 쓴 작전은 쉽게 또다시 쓰지 말라는 것도 중요한 방법이다.

극한 위기는
용기를 북돋아준다

장수가 사병들과 더불어 결전을 치를 경우에는, 높은 곳에 올라가 그 사닥다리를 버리는 것같이 한다. 외국에 깊숙이 침입할 때는 쇠뇌를 쏘듯 신속히 움직이고, 들어가서는 배를 불태우고 솥을 파괴하고, 결전을 할 경우에는 양떼를 몰아치듯 해야 한다. 적군의 지형에 몰려가서 오가지만 아군의 행방을 알지 못하게 하는 것이고, 전 부대를 집결시켜 극한상황 속에 투입하는 일이 장수의 해야 할 일인 것이다. 아홉 가지 입지적 조건에 따른 변화와 상황에 따라 굽히어 후퇴하는 것과 펴서 공격하는 것에 따른 이해의 계산이 선행되어야 하며 상황에 따른 병사의 심리적 변화를 세심히 살펴야 한다.

帥與之期 如登高而去其梯 帥與之深入諸侯之地 而發其機 焚舟破釜
수 여 지 기　여 등 고 이 거 기 제　수 여 지 심 입 제 후 지 지　이 발 기 기　분 주 파 부

若驅群羊而往 驅而來 莫知所之 聚三軍之衆 投之於險 此謂將軍之事也
야 구 군 양 이 왕　구 이 내　막 지 소 지　취 삼 군 지 중　투 지 어 험　차 위 장 군 지 사 야

九地之變 屈伸之利 人情之理 不可不察也
구 지 지 변　굴 신 지 리　인 정 지 리　불 가 불 찰 야

막상 군대를 이끌고 적과 맞설 때는 배수진의 각오로 임해야 한다. 막다른 길에 서 있다는 각오, 죽더라도 물러날 수 없다는 각오를 가져야 한다. 하물며 적지로 깊숙이 들어가 전군을 사지(死地)에 투입시키는 중차대한 일을 결정하는 사람은 오직 장수의 결단에 달려 있다. 이 순간의 처리야말로 장수된 자의 생명일 것이다. 장수 된 자의 진가가 발휘되는 것은 바로 이런 경우이다.

사지로 들어갔을 때 사람들의 심리적인 움직임은 지금까지 충분히 관찰되었다고 생각된다. 그러나 이것을 그저 되어가는 대로 맡겨두어서는 안 된다. 이것을 속속들이 알고 자연의 추세라는 것에 일정한 방향을 잡아주

는 것이 군 지도자가 할 일이다.

　알렉산더 대왕이 전투를 치르고 있을 때였다. 적군은 아군보다 열 배나 많았고, 병사들은 다들 겁에 질려 있었다.

　"결국 죽는가 보다. 다시 가족도 못 보고 여기서 삶이 끝장나는가 보다."

　천하무적의 알렉산더 대왕도 고민이 되었다.

　'어떻게 이 상황을 이겨 나갈까? 병사들의 사기를 높일 방법을 찾아야 하는데…….'

　고심 끝에 알렉산더 대왕은 하나의 묘안을 떠올렸다. 그는 자신의 손에 동전을 하나 들고는 모두에게 말했다.

　"나의 병사들이여! 신께서 나에게 계시를 주셨다. 이 동전을 던져 나는 우리의 운명을 예측하고자 한다. 만약 동전을 던져 앞면이 나온다면 승리할 것이고 뒷면이 나온다면 우리는 패배할 것이다."

　대왕의 말에 병사들은 모두 비장한 표정으로 대왕을 주목하였다. 모두 숨죽여 대왕을 지켜보았는데, 숨죽인 그 순간 동전이 바닥에 떨어졌다. 동전의 문양이 번쩍이는 것을 보고는 병사들 모두가 앞면임을 확신한 병사들은 일제히 함성을 질렀다.

　"와! 앞면이다! 승리다!"

　병사들은 기뻐하며 활기를 되찾았고 사기충천했다. 승리의 확신에 찬 그들은 수적인 열세를 극복하고 열배나 되는 적을 격파했으며, 전쟁에서 크게 승리할 수 있었다.

적진에 깊이 들어가면
단결하게 된다

무릇 적지에 침입했을 때의 전법은, 깊숙이 들어가면 단결하여 전투에 전념하지만 얕게
들어가면 군사들의 마음은 분산되어 흩어진다. 조국을 떠나 국경을 넘어서 싸우는 곳은
절지(絕地)이고, 사방으로 통하는 곳은 구지(衢地)이며, 적지 깊숙이 들어간 곳은 중지(重
地)이다. 적지를 얕게 들어갔으면 경지(輕地)이고, 견고한 곳을 등지고 좁은 곳을 앞에 두
었으면 위지(圍地)이며, 갈 곳이 없으면 사지(死地)이다.

凡爲客之道 深則專 淺則散 去國越境而師者 絕地也 四達者 衢地也
범 위 객 지 도　심 즉 전　천 즉 산　거 국 월 경 이 사 자　절 지 야　사 달 자　구 지 야

入深者 重地也 入淺者 輕地也 背固前隘者 圍地也 無所往者 死地也
입 심 자　중 지 야　입 천 자　경 지 야　배 고 전 애 자　위 지 야　무 소 왕 자　사 지 야

───── ● ● ● ● ● ●

이 조항은 앞에서 설명한 구지법을 간추려서 다시 한 번 설명하였을 뿐
다른 뜻은 없다. 구지(九地)에서의 수뇌자가 조심해야 할 점을, 표현을 바꾸
고 착안점을 바꾸어서 재인식이 필요하다고 강조한 것이 아닌가 한다. 따
라서 해설은 생략한다.

제11장 구지편(九地篇)

산지와 경지 등에서의 대처법

그러므로 산지(散地)에서는 아군의 뜻을 하나로 단결시켜야 한다. 경지(輕地)에서는 부대 간의 연락을 긴밀히 해야 하고, 쟁지(爭地)에서는 우리 부대로 하여금 적의 후방을 공격하게 해야 한다. 교지(交地)에서는 우리의 수비를 보다 튼튼히 해야 하고, 구지(衢地)에서는 제3국과의 외교를 공고히 해야 한다.

是故散地 吾將一其志 輕地 吾將使之屬 爭地 吾將趨其後 交地
시 고 산 지　오 장 일 기 지　경 지　오 장 사 지 속　쟁 지　오 장 추 기 후　교 지

吾將謹其守 衢地 吾將固其結
오 장 근 기 수　구 지　오 장 고 기 결

구지에 있어서 장수가 된 자가 다시 한 번 중점적으로 생각해야 할 것은 다음과 같다. 산지에서는 무엇보다도 전군의 마음을 하나로 뭉치게 하는데 힘쓴다. 경지에서는 가급적 밀집대형을 취하도록 한다. 쟁지에서는 상대를 그곳에서 끌어내고 그 자리를 차지하도록 노력한다. 교지에서는 충분한 수비에 중점을 둔다. 구지에서는 외교를 굳게 한다. 해설은 특별히 새로운 것이 없으므로 생략한다.

제11장 구지편(九地篇)

중지, 비지, 사지에서의 대처법

중지(重地)에서는 현지 조달로 아군의 식량을 계속 확보하고, 비지(圮地)에서는 군사들로 하여금 가던 길을 속히 행군하도록 한다. 위지(圍地)에서는 적들이 만들어 주는 빈틈을 막도록 하고, 사지(死地)에서는 우리 군사들에게 잘못하면 살 수 없다는 것을 보여주어야 한다. 그러므로 군사들의 마음은 포위당하게 되면 방어에 전력을 다하며, 부득이하면 용감하게 싸우고, 위험이 지나가면 명령을 따르게 된다.

重地 吾將繼其食 圮地 吾將進其塗 圍地 吾將塞其闕 死地
중 지 오 장 계 기 식　비 지 오 장 진 기 도　위 지 오 장 색 기 궐　사 지

吾將示之以不活 故兵之情 圍則禦 不得已則鬪 過則從
오 장 시 지 이 불 활　고 병 지 정　위 즉 어　부 득 이 즉 투　과 즉 종

적지 깊숙한 중지에서는 군량이 떨어지지 않도록 하는 것이 중요하다. 발판이 약한 비지에서는 급히 통과하는 계책을 쓴다. 팔방이 막힌 위지에서는 적이 설치한 함정인 한쪽의 혈로를 나와 내 손으로 막고, 사지와 같은 전법을 취한다. 사지에서는 살아나갈 가망성이 없다는 각오로 싸우도록 지시하는 것이 제일이다. 이상과 같이 군대란 것은 완전히 포위되어 이젠 도망칠 수 없다고 생각하면 싫든 좋든 힘껏 싸우는 법이다. 그 밖의 방법이 없게 되면 필사적으로 싸울 뿐이니, 위기도 도가 지나쳐서 절대절명이 되었다고 생각하면 마구잡이식 배짱이 생긴다. 이것이 인정이고 인간의 본성이다.

인간이 지니고 있는 본래의 약점은 어떻게도 제어할 수 없는 본능적인 것이다. 이것까지도 최악의 싸움이란 사태에서는 활용해야만 한다는 것이다. 그 활용은 순응하는 수도 있고, 역용하는 수도 있다. 이것은 당면하는 그때그때의 정세 여하에 따라 적당히 판단을 하여 바로 실시하지 않으면 안 된다.

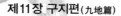

제11장 구지편(九地篇)

지형을 잘 아는 길잡이를 활용하라

그러므로 여러 제후들의 계책을 알지 못하는 사람은 미리 사귀어 외교를 맺을 수가 없다. 산과 숲과 험난한 곳, 그리고 늪과 못의 지형을 모르는 사람은 행군을 할 수가 없다. 길을 잘 아는 길잡이를 쓰지 않는 사람은 지형의 이점을 응용할 수가 없다. 이 서너 가지 중 하나만 몰라도 패왕의 군대가 될 수 없다.

是故不知諸侯之謀者 不能預交 不知山林險阻沮澤之形者 不能行軍
시 고 부 지 제 후 지 모 자 불 능 예 교 부 지 산 림 험 조 저 택 지 형 자 불 능 행 군

不用鄕導者 不能得地利 四五者 不知一 非霸王之兵也
부 용 향 도 자 불 능 득 지 리 사 오 자 부 지 일 비 패 왕 지 병 야

● ● ● ● ● ●

근린 제후로서 모략의 지식이 없는 사람과 손을 잡으면 손해라든지, 산림이나 험준한 지형이나 소택지의 지형을 알지 못하면 군을 움직이기가 어렵다든지, 현지인의 길잡이를 얻지 못하면 완전하게 지리(地利)를 얻을 수 없다든지 하는 것은, 이미 제7장 군쟁편에서 설명한 것이다. 이와 같은 지식에 덧붙여서 구지의 지식이 없어서는 안 된다는 것을 말한다. 구지법 중에 하나라도 모자라면 천하를 취할 만한 군사라고 할 수가 없다.

제11장 구지편(九地篇)

위세만으로
성을 함락시킬 수 있다

무릇 패왕의 군대가 다른 강대국을 공격하면 그 나라는 미처 그 군대를 집결시키지 못할
것이요, 위세가 적국에 미치게 되면 그 나라는 제3국과 동맹을 맺지 못할 것이다. 그리하
여 아군은 외교상 분쟁을 일으킬 필요가 없게 되고, 구태여 패권을 장악하려고 하지 않고,
자국의 소신만으로 위세를 적국에 가한다면 그 성을 함락시킬 수도 있고, 그 나라를 격파
시킬 수도 있는 것이다.

夫霸王之兵 伐大國 則其衆不得聚 威加於敵 則其交不得合
부 패 왕 지 병 벌 대 국 즉 기 중 부 득 취 위 가 어 적 즉 기 교 부 득 합

是故不爭天下之交 不養天下之權 信己之私 威加於敵
시 고 불 쟁 천 하 지 교 불 양 천 하 지 권 신 기 지 사 위 가 어 적

故其城可拔 其國可隳
고 기 성 가 발 기 국 가 휴

일단 천하를 제패한 패왕이 다른 대국을 치게 되면 그 강력함과 관록에
눌려서 상대국의 민심이 하나로 결집되지 못한다. 그 위력이 적국에 가해
짐에 따라 그 나라와 평시에 친교를 맺고 공수동맹을 맺은 나라들도 접촉
을 하지 않게 되는 것이다. 그러므로 천하를 잡는 강국의 세력 아래 참가하
거나 그 조력을 기대하는 정책을 취하는 등 강국의 세력 증강에 도움이 되
는 일을 해서는 안 된다. 타국에 의지하지 말고, 차라리 자기의 힘을 길러서
그 국위가 상대국으로 점차 미치도록 하는 것이 훨씬 좋다. 이렇게 되어야
비로소 싸움의 불길이 타오를 때 그 나라를 격파할 수 있는 것이다.

제(齊)나라 환공이 노(魯)나라를 공격하였다. 노나라 장군 조말(曹沫)은

• 271

세 번 싸워서 세 번 패하였다. 노의 장공은 겁을 먹고, 드디어 화평을 청하였다. 그때 조말은 단검을 쥐고 단상으로 뛰어 올라가 환공을 협박하며 말하였다.

"제나라는 강하고 노나라는 약하다 하더라도 귀국이 노나라를 침략하는 데는 극히 심한 점이 많다. 지금 노나라의 성은 함락되고, 제나라 국경이 압박을 가하고 있는 상태이다. 적당히 배려하라."

환공은 이를 허락하고 노나라에서 탈취한 땅을 전부 반환하겠다고 하니, 조말이 단검을 버리고 물러나 군신의 자리로 돌아갔으나, 안색도 변하지 않고 말투 또한 여전하였다. 환공이 노하여 그 약속을 어기고 조말을 죽이려 들자 관중이 말하였다.

"안 됩니다. 작은 이익을 탐내어 약속을 어기면 제후들이 신의를 버려서, 결국 천하의 도움을 잃게 됩니다. 돌려주는 것이 상책입니다."

마침내 환공은 조말이 세 번 싸워서 잃은 땅을 다시 노나라에 돌려주었다. 제후들은 이 말을 듣고, 제나라를 믿고 그 휘하로 들어오기를 희망하였다. 이것이 원인이 되어 환공은 중원에서 패업을 이루게 되었다.

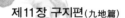

제11장 구지편(九地篇)

삼군의 군사를
한 사람 쓰듯이 하라

법에도 없는 상을 내리고, 정사에 없는 법령을 내세움은, 삼군의 무리를 쓰는 것이, 한 사람을 쓰는 것과 같다. 장병에게는 임무만을 부여하고 이유를 설명하지 말 것이며, 유리한 점만을 알리되 불리한 점은 말할 필요가 없다.

施無法之賞 懸無政之令 犯三軍之衆 若使一人
시 무 법 지 상　현 무 정 지 령　범 삼 군 지 중　약 사 일 인

犯之以事 勿告以言 犯之以利 勿告以害
범 지 이 사　물 고 이 언　범 지 이 리　물 고 이 해

● ● ● ● ● ●

　전쟁터에서는 군법이 최상의 법이다. 평화로운 때에 통용되던 일정한 법령은 통하지 않는다. 정세에 따라 그때그때 적당한 상을 주거나, 또는 평시 같으면 위법인 것도 눈감아 주거나, 보통법에 없는 법령을 내도 상관이 없다. 이렇게 하지 않으면 많은 군대를 자기 수족같이 자유롭게 움직일 수가 없기 때문이다. 싸움터에서는 오직 행위만이 있을 뿐이다. 설명도 변명도 교훈도 없다. 행위가 즉 말인 것이다. 또 아군들의 귀에는 전투의 유리한 면만 들리게 해야 한다. 손실과 손해 등의 불리한 점은 일체 덮어두는 것이 좋다. 이것이 싸움터에서 장수가 취하는 태도이다.

제11장 구지편(九地篇)

위험에 빠진 다음에야
목숨을 걸고 싸운다

군사들은 멸망당할 처지에 몰리게 되어야 용감하게 싸우고, 죽을 위기에 처해야 힘껏 싸워서 살아날 수 있다. 무릇 장병들은 그런 위태로운 상황 속에서만 분전하여 승리할 수 있다. 그러므로 전쟁을 함에 있어 중요한 일은 적의 뜻을 속속들이 파악하는 데 있다. 그에 따라 일치단결 대적하여 천리의 먼 적국에 들어가 장수를 살해할 수도 있는 것이다. 그것이 교묘한 방법으로 전쟁을 승리하는 자이다.

投之亡地 然後存 陷之死地 然後生 夫衆陷於害
투지망지 연후존 함지사지 연후생 부중함어해

然後能爲勝敗 故爲兵之事
연후능위승패 고위병지사

在於順詳敵之意 并敵一向 千里殺將 此謂巧能成事者也
재어순상적지의 병적일향 천리살장 차위교능성사자야

⊗⊗ • • • • • •

사면초가의 상태에 빠져 들면 오히려 거기에서 활로가 생긴다. 누구나 그렇듯, 사느냐 죽느냐라는 절대절명에 빠지면 그때 진정으로 잠재력이 나오는 것이다. 이 심리를 전쟁에 이용해야 한다. 그러려면 상대의 움직임에 거역하지 않는 것이 상책이다. 상대가 나아가면 이쪽은 물러서고 상대가 물러서면 이쪽은 나아간다. 하나하나 상대의 뜻에 따라 그 의도에 대응하여 진퇴하는 방법을 취하면서 서서히 상대를 꼼짝할 수 없는 방향으로 몰아넣는 것이다. 이렇게 하면 자연히 천리 밖에 있는 적장이라도 물리칠 만한 재주를 부릴 수가 있다. 이것이 무리 없이, 그리고 교묘하게 행해질 때 커다란 승리를 기대할 수가 있다는 것이다. 정정당당한 싸움이야말로 진정한 싸움이지만 싸움에는 서로 다른 면이 있는 법이다. 전혀 다른 두 면이 그때그때 곳에 따라 만족한 처리를 받는 것이 필승의 비결이라고도 할 수 있다.

제11장 구지편(九地篇)

적의 정세에 따라
전투를 감행하라

그러므로 선전포고를 하는 날은 국경의 관문을 모두 폐쇄하고 모든 통행증을 파기하며 적국의 사신들을 통과시키지 말아야 한다. 묘당(廟堂)에서는 조정회의를 열고 대신들이 맡아할 일을 분담시킨다. 적국에서 관문을 열면 재빨리 사람들을 들여보낸다. 그리고 먼저 그들이 아끼는 것들을 빼앗고는 그들에게 빈틈을 보여주며 적의 정세에 따라 전투를 결행한다.

是故政擧之日 夷關折符 無通其使 勵於廊廟之上 以誅其事 敵人開闔
시 고 정 거 지 일 이 관 절 부 무 통 기 사 여 어 랑 묘 지 상 이 주 기 사 적 인 개 합

必亟入之 先其所愛 微與之期 踐墨隨敵 以決戰事
필 극 입 지 선 기 소 애 미 여 지 기 천 묵 수 적 이 결 전 사

⋇ • • • • • •

마침내 개전을 하게 되면 먼저 국경을 폐쇄하여 일체의 교통을 정지시킨다. 이는 상대방의 군사(軍師)나 외교사절의 입국을 허락하지 않는 것이다. 안에서는 최고회의가 개최되어 최고 책임자가 정해진다.

상대국의 동정에 변화가 생기면 그 기회를 놓치지 말고 적의 급소를 발견하여 습격할 준비를 은밀히 세운다. 이것은 앞에서도 말한 바와 같다. 그후는 만사를 정법대로 상대의 움직임에 따라 전투를 펴 나간다.

전쟁에 돌입하기 전에는 일정한 순서가 있다. 국교단절, 국경봉쇄, 조정회의의 결정, 최고 지휘관의 임명 등이 그것이다. 구지(九地)의 작전에는 그 객관적 정세에 따라 싸워야 할 수단이나 방법에 각각 차이가 있으나, 모든 것을 통하여 '불가피한 경지'에 있어서의 마음가짐과 일맥상통하는 점이 있다는 것이 바로 이 구지편의 주장인 것 같다.

처녀처럼 신중하게,
토끼처럼 날쌔게 움직이라

그러므로 처음에는 처녀와 같이 조심스럽고 신중하게 하고, 적이 문을 연 후에는 달아나는 토끼처럼 민첩하게 움직여 적이 미처 막을 여유가 없게 해야 한다.

是故始如處女 敵人開戶 後如脫兎 敵不及拒
시 고 시 여 처 녀 적 인 개 호 후 여 탈 토 적 불 급 거

· · · · · · ·

개전이 되었을 때, 처음에는 관망하는 자세로 조용히 지켜보는 듯 움직임이 없기 때문에 부끄러움이 많은 어린 처녀같이 보인다. 그래서 상대방도 방심을 하게 된다. 그 틈을 타서 일단 공격을 가하게 되면, 마치 덫에서 뛰쳐나온 토끼같이 신속하게 행동을 취한다. 막으려 해도 막을 수 없는 민첩한 속도이다. 이러한 행동은 빈틈없이 준비된 다음에야 비로소 가능한 것이다.

강한 투지를 감추고 신중하게 만전지책을 강구하면서 생각을 속에 품고 있는 것이 태도나 외부에 나타나지 않아야 상대도 방심을 할 것이다. 사실 그 불빛 같은 눈빛은 먹이를 노리는 맹수와 같이 상대의 작은 움직임에도, 눈을 떼지 않은 채 방심하지 않고, 온 신경을 긴장시켜서 피부로 상대를 느끼고 있는 것이다. 그 부동자세가 조용하면 조용할수록 긴장도는 강해진다. 싸움에서 승리를 거두려면 처음부터 주도권을 잡으려고 하지 않는다는 것도 대단히 중요한 일이다.

화공편
火攻篇

불로 공격하기 위해서는 바람을 타야 한다. 우주에 로켓을 보내
탐사하는 오늘날에도 국지전에서는 그 원리가 활용 가능한 전술
이다. 과학적인 데이터로 일기와 기상을 이용하는 것은 기본이다.

"'화인'은 인마(人馬)를 불태운다는 뜻으로 곧 적군의 영채와 막
사를 화공 대상으로 삼는다는 의미다. 적군의 대오(隊伍)에 불을
지른 뒤 어지러운 틈을 노려 격파하는 것이다."라고 했다.

제12장 화공편(火攻篇)

불로 공격하는 화공에는 다섯 가지가 있다

손자가 말하였다. 무릇 화공에는 다섯 가지가 있다. 첫째로 적의 병사를 불태우는 것이고, 둘째로 적이 쌓아놓은 양곡과 말먹이를 불태우는 것이며, 셋째로 적의 수송차를 불태우는 것이다. 또 넷째로 적의 창고를 태우는 것이고, 다섯째로 적의 대오에 불로 공격하는 것이다.

孫子曰 凡火攻有五
손 자 왈 범 화 공 유 오

一曰火人 二曰火積 三曰火輜 四曰火庫 五曰火隊
일 왈 화 인 이 왈 화 적 삼 왈 화 치 사 왈 화 고 오 왈 화 대

🏵 • • • • • •

전투에 불을 쓰는 것은 그 당시에는 아주 강력한 공격 수단이었기 때문에 화공편이 씌어진 듯하다. 화공법에는 다섯 종류가 있다. 첫째는 사람을 불태우는 것, 이것은 적진이나 민가 등을 태워 버리는 것이다. 둘째는 적이 축적해 놓은 양식이나 군수품 등을 태우는 것이다. 셋째는 수송부대를 태워버리는 것이며, 넷째는 군수창고를 태워 버리는 것을 말한다. 다섯째는 적의 대열을 직접 불로 공격하여 대열을 혼란시키는 것이다. 화공을 실행함에는 반드시 상당한 이유가 있어야 한다. 물론 화공에 필요한 도구가 미리 준비되어 있어야 함은 두 말할 나위도 없다. 그러나 준비가 되어 있다고 하여, 아무데나 덮어놓고 불을 지르는 것은 아니다. 적당한 때와 날짜가 있는 것이다. 때란 건조한 날씨가 계속되어 모든 것이 건조되어 있을 때이다. 날짜란 달의 기수, 벽수, 익수, 진수 중 어느 별자리와 겹쳐졌을 때이다. 이 네 개의 별자리는 예로부터 바람이 부는 날로 정해져 있다.

제12장 화공편(火攻篇)

불로 공격하기 위해서는
조건을 갖춰야 한다

불을 사용하는 데는 반드시 조건이 있어야 하고, 처음부터 반드시 장비를 갖추고 있어야
한다. 불을 일으키는 데는 적당한 때가 있고, 불을 지르는 데에도 적절한 날이 있다. 적당
한 때란 건조한 날씨를 말하고, 적절한 날이란 달이 기성(箕星), 벽성(壁星), 익성(翼星), 진
성(軫星)의 사수(四宿) 안에 있는 날을 가리킨다. 무릇 이 사수는 바람이 이는 날이다.

行火必有因 煙火必素具 發火有時 起火有日 時者 天之燥也 日者
행 화 필 유 인　연 화 필 소 구　발 화 유 시　기 화 유 일　시 자　천 지 조 야　일 자

月在箕壁翼軫也 凡此四宿者 風起之日也
월 재 기 벽 익 진 야　범 차 사 수 자　풍 기 지 일 야

🏵 ● ● ● ● ● ●

　화공(火攻)이나 수공(水攻) 하면, 현대의 우리로서는 아주 인연이 먼 이야
기로서 형식에 대한 해설조차 할 필요가 없을 것 같다. 구체적으로는 아무
것도 얻는 바가 없을 것이다. 이것을 쓰는 요령이라면, 반드시 우리들 싸움
에도 한가닥 서로 통하는 것이 어딘가에 있을 것이므로, 한번 훑어보아 지
식을 기르는 데 도움이 되게 할 필요는 있다.

제12장 화공편(火攻篇)

화공(火攻)은 다섯 가지 상황에 따라 적절히 대응하라

무릇 화공은 반드시 다음 다섯 가지 상황변화를 보고 대응해야 한다. 아군의 공격으로 불이 적진의 내부에서 일어나면 즉시 밖에서 호응하여 공격한다. 둘째로 적진에 불이 났는데도 조용한 경우에는 대기하고 공격하지 말아야 한다. 불길의 세기에 따라 공격하거나 중지한다. 불을 밖으로부터 붙일 수 있다면 성 안에서 불이 일어나기를 기다릴 것 없이 제때에 불을 질러야 하며, 그 변화에 따라서 대응해야 한다. 불을 바람 부는 쪽에서 일으켰다면 바람을 받는 아래쪽에서는 공격해서는 안 된다. 낮에 바람이 오래 불면 밤에는 바람이 그친다. 그러므로 군사들은 반드시 이 다섯 가지 불에 따른 변화를 알고 여러 가지 계략을 세워야 한다.

凡火攻 必因五火之變而應之 火發於內 則早應之於外
범 화 공　필 인 오 화 지 변 이 응 지　화 발 어 내　즉 조 응 지 어 외

火發而其兵靜者 待而勿攻 極其火力 可從而從之 不可從而止
화 발 이 기 병 정 자　대 이 물 공　극 기 화 력　가 종 이 종 지　불 가 종 이 지

火可發於外 無待於內 以時發之 火發上風 無攻下風 晝風久 夜風止
화 가 발 어 외　무 대 어 내　이 시 발 지　화 발 상 풍　무 공 하 풍　주 풍 구　야 풍 지

凡軍必知有五火之變 以數守之
범 군 필 지 유 오 화 지 변　이 삭 수 지

화공이란 것을 다섯으로 나누어 그 불길이 올랐을 때 적의 진형에 생기는 변화를 잘 보고 즉석에서 대응책을 취하지 않으면 안 된다. 만약 상대의 진중에서 불길이 올랐다면 이것은 적중에 내통하는 자가 있어서 이쪽을 끌어 들이려는 것이므로, 우물쭈물하지 말고 바로 외부에서 공격을 개시해야 한다. 그러나 이미 불길이 올랐는데도 적병들이 떠들거나 당황하는 행동을 보이지 않는다면, 섣불리 손을 대지 말고 잠시 형편을 살펴보아야 한다. 그대로 불길이 오르느냐 또는 가라앉느냐에 따라 공격을 하거나 보류해야 할

것이다. 차라리 밖에서 불을 지르는 편이 좋다고 판단되었을 때는 일부러 적진에서 불이 나기를 기다릴 것 없이 시각과 풍향 등을 판단하여 적당한 방법을 취하는 편이 좋다.

또 불길이란 바람이 부는 쪽으로 번져 나가게 마련이다. 그러므로 아래쪽에서 공격을 개시했다간 큰 불길에 휩싸여서 고전을 면치 못할 경우도 생길 것이다. 그리고 낮 동안 바람이 계속해서 불며 그치지 않을 때는, 반드시 그날 밤에는 바람이 그친다는 것을 상식적으로 알아 둘 필요가 있다.

다섯 가지의 목표를 가진 화공이란 것이 상대를 공격하는 수단이라 함은, 아군이 받아야 할 공격 수단이기도 한 것이다.

그러므로 이 점에 대해서는 충분한 지식을 가지고 있어야 함과 동시에 그때그때의 실제에 적용시켜서 만전의 경계를 갖추어야 한다.

제12장 화공편(火攻篇)

불로 공격하고
물로 공격을 돕는다

그러므로 불로써 공격을 돕는 것은 밝고, 물로써 공격을 돕는 것은 강하다. 물은 끊을 수 있어도, 빼앗을 수는 없다.

故以火佐攻者明 以水佐攻者强 水可以絶 不可以奪
고 이 화 좌 공 자 명   이 수 좌 공 자 강   수 가 이 절   불 가 이 탈

주요 전술의 보조수단으로 화공을 쓰면 확실한 승리가 보장된다. 수공도 비슷한 보조 수단으로서 강력하다. 단지 화공과 수공을 비교하면, 수공은 양도, 탈출, 연락, 구원, 출격 등을 봉쇄할 수는 있으나, 상대가 가지고 있는 것을 못 쓰게 하는 데는 부적당하다. 이것이 불과 물의 다른 점이다.

공격하는 측의 무기는 그대로 공격을 받을 때의 상대편의 무기가 되기도 한다. 이것은 전편을 통한 모든 병법에 통용된다. 그러나 공격할 의사가 없고, 그럴 필요도 없다고 생각해도, 언제 어디서 상대에게 공격을 받을지 모르므로 항상 대응할 수 있는 지식을 갖추고, 어느 정도의 시책은 준비하고 있어야 한다. 수공법은 상대를 고립상태로 몰아넣는 전법이다. 이것은 이쪽이 상당히 강력하지 않은 한 효과가 없다. 더욱이 완전한 포위 대형을 취해야 한다. 단 한 곳이라도 빠져나갈 구멍을 남겨 놓아서는 아무런 의미도 없다. 특히 상대에게 지구력이 있을 때는 오히려 피해야 할 전법이다.

제12장 화공편(火攻篇)

승전 후에도
이익이 없으면 허무하다

무릇 싸워 승리하고 공격하여 탈취했으면서도 그 공을 거두지 못하면 흉하다. 이를 비류라고 한다. 그래서 이르기를 총명한 통치자는 이를 근심하여 심사숙고하고, 훌륭한 장수는 그것을 잘 다스리는 것이다.

夫戰勝攻取 而不修其功者凶 命曰費留 故曰 明主慮之 良將修之
부 전 승 공 취　이 부 수 기 공 자 흉　명 왈 비 류　고 왈　명 주 려 지　양 장 수 지

싸우면 이겨야 하고, 공격하면 취해야 하는 것은 당연한 이야기이다. 싸워서 이기지 못하고 공격하고도 취하지 못하면 그 무슨 헛된 일인가. 희생만 감수하고 얻은 게 없으니 최악이라고 할 수 있다. 이것을 이름하여 비류라고 한다. 나라 경비의 장기 소모에 지나지 않기 때문이다. 그러므로 헛되이 일을 일으키지 말고, 충분히 사려감안한 후 비로소 움직이는 것이 현명한 임금이요, 확실한 전과를 기대하는 것이 뛰어난 장수이다. 나라의 이익이라고 보지 않는 한, 섣불리 움직이지 말고, 무엇이든 얻는 것이 없는 한, 군사를 움직여 나아가지 말 것, 또는 나라의 안위에 관계되는 것이 아닌 한, 싸움은 절대로 피하지 않으면 안 된다. 이것이 바로 전술이다.

이익이 없으면
결코 움직이지 말라

이익이 없으면 움직이지 않고, 소득이 없으면 전쟁을 일으키지 않으며, 국가가 위태롭지
않으면 전쟁을 하지 않는다.

非利不動 非得不用 非危不戰
비 리 부 동 비 득 부 용 비 위 부 전

전쟁은 국가에 유익이 없으면 절대로 시작하지 말아야 하고, 전쟁으로
인해 얻는 것이 없으면 쓰지 않으며, 위험함이 없으면 싸우지 말라는 3개
조항은 기업전의 지침으로 삼아도 좋을 것이다. 그중 하나만 빠져도 절대
로 전투적인 행동을 취하지 말아야 한다. 물론 혹자는 말하기를, "이익을
보고 움직이지 않으면 용기가 없다."라고 하는데, 돈을 번다는 것만이 유일
한 목적이 되어서는 안 된다. 얻는다는 것을 사회가 얻는 것이니, 사회적인
요구를 충족하는 것이 된다. 부디 그렇게 되어야 한다.

제12장 화공편(火攻篇)

분노 때문에
전쟁을 일으키지 말라

무릇 군주는 분노 때문에 군사를 일으켜서는 안 되고, 장수 또한 장수는 분노로써 전투를 해서는 안 된다. 이익에 합치되면 움직이고 그렇지 않으면 그쳐야 한다. 노여움은 기쁨으로 바뀔 수 있고 화났던 일도 즐거움으로 바뀔 수가 있지만, 망한 나라는 다시 존재할 수가 없으며 죽은 사자를 다시 살릴 수는 없다. 그러므로 현명한 군주는 전쟁을 삼가고 훌륭한 장수는 항상 전쟁을 경계한다. 이것이 국가를 안전하게 하고 군대를 보전하는 방법인 것이다.

主不可以怒而興師 將不可以慍而致戰 合於利而動 不合於利而止
주 불 가 이 노 이 흥 사 장 불 가 이 온 이 치 전 합 어 리 이 동 부 합 어 리 이 지

怒可以復喜 慍可以復悅 亡國不可以復存 死者不可以復生 故明君慎之
노 가 이 복 희 온 가 이 복 열 망 국 불 가 이 복 존 사 자 불 가 이 복 생 고 명 군 신 지

良將警之 此安國全軍之道也
양 장 경 지 차 안 국 전 군 지 도 야

❀ • • • • • •

군주는 개인적인 사소한 원한이나 노여움을 이유로 군사를 움직여서는 안 된다. 장군도 마찬가지로 사소한 원한이나 노여움에 흥분하여 싸움으로 돌입하는 등의 경거망동이 있어서는 안 된다. 국가 이익에 합치된 후에야 비로소 움직이고, 합치되지 않으면 깨끗이 단념해야 한다. 그러면 노여움도 풀리고 기분이 좋은 날도 있을 것이나, 일단 멸망한 나라는 다시 존재할 수가 없다. 일단 죽은 자는 다시 살아날 수가 없지 않은가. 어진 임금이란 바로 이 점에 신중을 기할 것이고, 뛰어난 장수는 이 점에 최대의 경계를 할 일이다. 이렇게 해야만 나라를 태평하게 다스리고 군사를 안전하게 할 수 있다.

용간편
用間篇

정확하고 빠른 정보가 승리를 가져온다. 정보를 많이 가진 쪽이 유리
하다. 그러므로 신속한 정보를 얻기 위한 투자를 주저해서는 안 된다.

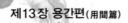

제13장 용간편(用間篇)
전쟁의 엄청난 소모를 생각하라

손자가 말하였다. 무릇 10만 군사를 동원하여 천리 길의 원정에 출정하게 되면, 백성의 비용과 국가 재정을 하루에 천금을 소비해야 하며, 온 나라 안팎이 소동하며, 군수물자의 수송에 백성이 동원되어 생업에 종사하지 못하는 자가 70만 가구에 이르게 된다.

孫子曰
손 자 왈

凡興師十萬 出兵千里 百姓之費 公家之奉 日費千金 內外騷動
범 흥 사 십 만　출 병 천 리　백 성 지 비　공 가 지 봉　일 비 천 금　내 외 소 동

怠於道路 不得操事者 七十萬家
태 어 도 노　부 득 조 사 자　칠 십 만 가

🎴 • • • • • •

　　만약 10만 명의 군사를 움직여서 천 리나 먼 곳으로 파병한다고 가정하자. 이 때문에 소비되는 백성의 비용과 국가지출 등을 합산하면 거액의 돈을 소비하게 될 뿐만 아니라, 안과 밖을 불문하고 벌집을 쑤신 듯 큰 소동이 벌어지며, 본업을 포기해야 할 인구가 무려 70만 가구에 달할 것이다. 적과 서로 대치하는 상태가 몇 해고 계속된 끝에 많은 준비와 전비를 갖춘 결과가 극히 단시일 내에 승패를 가름하는 전투가 되므로, 벼슬이나 자금을 아끼느라고 적정 정찰을 충분히 하지 않고 싸움에 돌입하는 것은, 극히 무모한 짓이다. 이래서는 사람의 장수라 할 수 없고, 군주를 보좌하는 그릇도 못 되며, 또 승리의 주인공이 될 수도 없다는 것이다.

　　사보섬 주변을 정찰하던 일본의 6전단이 미해군 함대를 발견했다. 아오

바를 기함으로 한 일본의 6전단은 당연히 기습 공격에 들어갈 준비를 시작했다.

"공격 태세!"

그런데 아오바에 타고 있던 함대 사령관은 소리쳐 막았다.

"아니다! 우리 아군이다!"

그는 혼자서 강력히 주장하며 전조등으로 신호를 보냈다.

"와레 아오바. 와레 아오바!"

미해군은 당장 일본 해군선이란 것을 알아챘다.

"일본군이다! 공격하라!"

미해군은 공격을 퍼부었고 아오바의 함교가 날아갔다. 함대 사령관은 두 다리에 큰 상처를 입고 죽었는데, 죽어가면서도 끝까지 아군으로 알고 고함을 질렀다.

"멍청한 놈들! 아군을 쏘다니! 멍청한 놈들!"

사실 미해군도 처음에는 6전단을 아군으로 잘못 알고 가까이 접근하는 중이었다. 그 당시 미해군의 구축함 2척이 낙오해서 찾고 있었기 때문이다. 정보가 없었던 당시의 어처구니없는 착오였다.

제13장 용간편(用間篇)

적진의 정보를 알아내는 데
투자하라

적군을 상대하여 서로 버티기를 몇 년간 계속하지만 전쟁의 승패는 하루아침에 결정된다. 그런데도 벼슬과 봉록과 백금을 아껴 적의 정세를 파악하지 못한다면 참으로 어질지 못한 일이다. 그런 사람은 군사들을 이끌 장수의 그릇이 못되고 아니며 군주를 돕는 자도 못되고 승리의 주역도 될 수 없다.

相守數年 以爭一日之勝 而愛爵祿百金 不知敵之情者 不仁之至也
상 수 삭 년   이 쟁 일 일 지 승   이 애 작 녹 백 금   부 지 적 지 정 자   불 인 지 지 야

非人之將也 非主之佐也 非勝之主也
비 인 지 장 야   비 주 지 좌 야   비 승 지 주 야

어느 날 한 무제는 흉노의 포로로부터 솔깃한 얘기를 들었다. 흉노의 서쪽에 월지라는 나라가 있어 일찍이 흉노에 패한 바 있는데, 그 왕은 흉노왕이 자신의 부친의 해골을 술잔으로 사용한다는 얘기를 듣고서 단단히 복수를 벼르고 있다는 것이었다. 만일 이들과 연합, 양쪽에서 흉노를 협공할 수만 있다면 그보다 훌륭한 묘안은 없을 것이었다. 이에 사신을 자청하고 나선 이가 바로 장건이었다.

장건 일행이 월지를 향해 서쪽으로의 길을 떠났을 때, 그들을 기다리고 있었던 것은 흉노의 포로생활이었다. 월지로 가기 위해서는 반드시 흉노의 땅을 통과해야만 했고, 그들이 국경을 밟는 순간 곧바로 흉노에 사로잡히는 몸이 되었던 것이다. 장건은 그곳에서 10년이 넘는 억류생활을 해야 했다. 그동안 흉노족의 부인을 얻고 자식까지 두었던 그는 사절의 사명을 잊지 않고 있었다. 그는 경비가 허술해진 틈을 타서 탈출, 대원국을 거쳐 마침

내 월지국에 도달했다.

　교섭에 실패한 그는 타림분지 남쪽, 즉 천산남로로 귀국했는데, 또 다시 흉노에 억류되었다가 다시 탈출, 마침내 귀향에 성공했다. 기원전 126년, 실로 13년간에 걸친 대단한 집념이었다. 비록 월지와의 동맹에는 실패했지만, 장건의 서역 견문은 무제를 비롯한 당시의 중국인들에게 커다란 놀라움과 충격을 주었다.

적진의 정보는
간첩을 통해 알아내야 한다

그러므로 어진 군주와 현명한 장수가 군대를 움직이면 반드시 승리하고, 다른 사람들보다
그 공이 뛰어난 것은 적군의 실정을 먼저 알아냈기 때문이다. 먼저 알아낼 수 있는 것은
귀신에게 물어볼 것도 아니고, 경험에서 얻어지는 것도 아니며, 어떤 법에 따라 유추할 수
있는 것도 아니고, 오직 사람을 취하여 알아내야 한다.

故明君賢將 所以動而勝人 成功出於衆者 先知也 先知者 不可取於鬼神
고 명 군 현 장　소 이 동 이 승 인　성 공 출 어 중 자　선 지 야　선 지 자　불 가 취 어 귀 신

不可象於事 不可驗於度 必取於人 知敵之情者也
불 가 상 어 사　불 가 험 어 도　필 취 어 인　지 적 지 정 자 야

예로부터 어진 임금, 현명한 장수라고 불리는 사람들이 한번 움직이면
반드시 만인 위에 뛰어나 전승의 훈공을 성취하는 것도 우선 상대의 실정
을 충분히 예지한 다음에 일을 일으켰기 때문이다.

손자가 살던 그 시대에는 점이 크게 채용되어 그것을 위한 관직까지 있
었을 정도로 만사를 점에 의하여 결정지었다. 그 시대에 결연히 '사람에 의
하여 적정을 아는 자'만이 명군이요 현명한 장수라고 단언한 손자에게 경
의를 표하지 않을 수 없다.

진나라 예주의 자사인 조적은 옹구를 진압할 때 널리 촌민을 사랑하고,
선비에게는 저자세를 취하고, 별로 친하지 않은 자나 신분이 천한 자라도
차별을 두지 않고 공손히 대함으로써 민심을 샀다.

오직 하상보라는 촌에서만은 이민족 사이에서 살고 있는 전임자의 영향

이 강하여 그 귀추가 뚜렷하지 않았다. 그래서 조적은 유군(遊軍)을 파견하여 거짓으로 하상보를 약탈하게 하였다. 어느 쪽을 편드는지 확실하게 알고 싶어서였다. 촌장들은 이미 조적에게 심복하고 있었으나, 이민족 중에는 다른 생각을 가진 자도 있어서, 거짓으로 군의 움직임에 따라 반대하는 태도를 보였다. 조적에게 심복하는 촌장들이 은밀히 이 사실을 통보해 오자, 조적은 이들 반역자들을 체포할 수가 있었다. 이렇게 하여 조적은 용구 진압에 성공하였는데, 촌민을 협력자로 전향시켜서 쓴 좋은 실례이다.

제13장 용간편(用間篇)

적정을 살피는
다섯 가지 간첩의 종류

적정을 살피는 첩보활동에는 다섯 가지가 있다. 향간(鄕間)이 있고, 내간(內間)이 있고, 반간(反間)이 있고, 사간(死間)이 있고, 생간(生間)이 있다. 이 다섯 종류의 간첩을 한꺼번에 활동시켜도 남들은 그 방법을 알 수가 없다. 이것이야말로 신묘한 일로, 군주에게 있어서는 보배와도 같다.

故用間有五 有鄕間 有內間 有反間 有死間 有生間 五間俱起
고 용 간 유 오 유 향 간 유 내 간 유 반 간 유 사 간 유 생 간 오 간 구 기

莫知其道 是謂神紀 人君之寶也
막 지 기 도 시 위 신 기 인 군 지 보 야

🐝 • • • • • •

초나라 왕 항우가 한의 왕을 영양에서 포위하였다. 오래 지나도 포위가 풀리지 않으므로, 한의 왕은 걱정한 나머지 영양 땅을 내주기로 하고 화친을 청하였다.

그러나 항우는 듣지 않았다. 그때 진평이 건의하였다.

"생각컨대, 초나라에는 교란시킬 틈이 없습니다. 항우에게 강직한 신하란 아부, 종리매, 용저, 주은 등 몇 사람밖에 없습니다. 왕께서 수만금의 금을 뿌려서 반간(이중간첩)을 행하여 군신의 사이를 끊고, 서로 의심을 품게 하면 질투심이 강하고 참언을 잘 믿는 항우의 인품으로 보아 반드시 내부에서 죽일 것입니다. 그때를 틈타 공격하면 어렵지 않게 초나라를 격파할 수가 있을 것입니다."

한의 왕은 그럴듯하다고 생각하여 황금 4만 근을 진평에게 주어 마음대로 쓰게 하였다. 진평은 금을 뿌려서 반간을 초의 군에게 잠복시킨 다음 소

294 •

문을 퍼뜨렸다.

"종리매 등 여러 장수는 항우의 부장으로서 공적은 크다. 그런데 땅을 떼어주어 제후로 삼으려고 하지 않는다. 그래서 그들은 한과 손을 잡고 항우를 멸망시킨 다음 그 땅을 나누어 제후가 되려고 한다."

예상대로 항우는 의심을 품고 종리매를 믿지 않게 되었다. 얼마 후, 항우는 한나라로 보냈다. 한의 왕은 성대한 잔치를 베풀어 놓고 초의 사신을 보자, 놀라운 기색을 보였다.

"아부의 사신인가 하였더니, 항우의 사신이 아닌가!"

초의 사신은 귀국하자 그 사실을 상세히 항우에게 보고하였다. 항우는 역시 아부를 크게 의심하여 영양성을 급습하자는 아부의 말에 귀도 기울이지 않았다. 아부는 항우가 의심을 하고 있다는 말을 듣고 크게 노하여 종기가 악화되어 죽고 말았다. 한의 왕은 진평의 계략으로 겨우 영양성을 겨우 탈출하여 마침내 초나라를 멸망시킬 수 있었다.

제13장 용간편(用間篇)

간첩을 통해 허위 정보를 흘려라

향간(鄕間)이란 적의 고을의 주민을 이용하는 것이고, 내간이란 적의 관리를 이용하여 쓰는 간첩이다. 반간이란 적의 간첩을 역이용하여 쓰는 것이고, 사간이란 허위사실을 꾸며 아군의 간첩에게 믿게 하여 적에게 전하는 것이며, 생간이란 되돌아와 보고하는 간첩을 말한다.

鄕間者 因其鄕人而用之 內間者 因其官人而用之
향 간 자 인 기 향 인 이 용 지   내 간 자 인 기 관 인 이 용 지

反間者 因其敵間而用之 死間者 爲誑事於外 令吾間知之
반 간 자 인 기 적 간 이 용 지   사 간 자 위 광 사 어 외   영 오 간 지 지

而傳於敵 生間者 反報也
이 전 어 적   생 간 자   반 보 야

반간이란 상대국의 간첩을 역이용하는 경우로 소위 이중간첩을 말한다. 이쪽에서 길들여 쓰는 수도 있고, 그저 허위 정보를 주는 경우도 있다. 사간이란 내간보다 이중간첩을 한층 더 복잡하게 쓰는 것으로, 배반할 염려가 있는 간첩에게 허위 정보를 주어 적에게 팔게 하는 방법이다. 물론 허위 정보임에 틀림없으므로 그 간첩은 적의 손에 의하여 처형될 것이다. 그러므로 사간이라고 한다. 생간이란 상대국의 정보를 탐지하면 살아서 돌아와, 그 정보를 자세하게 보고하는 것을 목적으로 하는 간첩이다.

익주의 목(牧)인 나상은, 장수인 괴백을 파견하여 비성에 있는 촉의 적인 이웅을 공격하였다. 이웅은 무도의 사람인 박태를 불러서 피가 흐르도록

매질을 가하였다. 그것으로 나상을 속여서 이응은 박태의 원수라고 믿게 해놓고 은밀히 박태에게 내응을 시켰다. 내응은 불로써 신호를 한다는 것을 미리 정해 놓았다.

과연 나상은 이것을 믿고 정병을 총동원하여 괴백을 장수로 삼아 이응을 공격시켰다. 박태가 이에 종군한 것은 말할 나위도 없다. 괴백의 군사가 진격하여 성을 구축하였다고 하자, 이응의 장수인 이앙은 길에 복병을 까는 한편, 박태는 긴 사다리를 성 위에 걸쳐 놓고 불을 질렀다. 불길이 오르는 것을 보고 괴백의 군사는 앞을 다투어 사닥다리에 올랐고, 박태는 밧줄로 나상의 군사 100여 명을 끌어 올려 모조리 죽여 버렸다. 그때 이응은 군사를 풀어서 내외에 호응하여, 이를 격파하고 나상의 군을 섬멸시켰다.

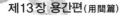

제13장 용간편(用間篇)

간첩을 잘 활용해야 승리한다

그러므로 삼군(三軍) 중에서 간첩과의 관계보다 더 친밀한 것은 있을 수 없고, 간첩에게 주는 포상보다 더 후한 상이 있을 수 없으며, 간첩의 활동만큼 비밀스러운 일이 있을 수 없다. 사람을 알아보는 밝은 지혜가 없으면 결코 간첩을 이용하지 못하고, 인자함과 정의감이 없으면 간첩을 부리지 못할 것이며, 미묘한 통찰력이 아니면 간첩의 실적을 이용하지 못한다. 미묘하지 않으면 간첩의 효과를 얻을 수 없다.

故三軍之親 莫親於間 賞莫厚於間 事莫密於間 非聖智不能用間
고 삼 군 지 친   막 친 어 간   상 막 후 어 간   사 막 밀 어 간   비 성 지 불 능 용 간

非仁義不能使間 非微妙不能得間之實 微哉 微哉 無所不用間也
비 인 의 불 능 사 간   비 미 묘 불 능 득 간 지 실   미 재   미 재   무 소 부 용 간 야

삼군을 지휘하는 장군의 일 중에서도 간첩과 장군 사이만큼 긴밀을 요하는 것은 없다. 양자의 호흡이 일치하지 않으면 잘 되지 않는다. 따라서 주어진 은상 등도 다른 경우와는 비교가 되지 않을 만큼 후한 것이 보통이다.

일체는 무엇보다도 극비 속에서 운영되며 최고 지휘관의 직속사항으로 취급된다. 중지를 모아 여러 사람이 검토를 할 수 없는 일인 만큼 장수 된 자는 성지(聖知)라고 평을 해도 좋을 정도로 주도면밀함과 날카로운 지혜가 있어야 한다. 그렇지 않으면 간첩을 쓴다는 일은 불가능하다. 이토록 어려운 일이니만큼 상당한 인덕이 있는 사람이라야 원활하게 운용할 수 있다. 섬세하고 치밀하지 않으면 용간의 실체를 잡을 수가 없는 것이다.

298 •

제13장 용간편(用間篇)

첩보는
미리 누설되면 끝이다

첩보 정보가 아직 공표되지 않았는데 첩보 활동의 기밀이 사전에 누설된다면, 그 간첩과 그 정보를 알려온 자는 모두 사형에 처한다.

間事未發而先聞者 間與所告者皆死
간 사 미 발 이 선 문 자　간 여 소 고 자 개 사

⚜ • • • • • •

만약 첩보로 인해 사전에 계획했던 일이 폭로되는 경우, 정체가 밝혀진 간첩은 물론, 정보를 들어 알고 있는 사람은 누구 하나 남기지 말고 모조리 없애야 한다. 그만큼 은밀하고 세심한 것이 생명이다. 첩보의 누설로 10만 대군을 한순간에 몰살시킬 수 있는 위력을 갖고 있다. 그러므로 첩보의 생명은 기밀유지에 있다. 정보를 탐지할 때나 정보를 탐지 당할 염려가 있는 측에서도 기밀이 누설된다는 점에 지나칠 만큼 경계를 해야 한다.

모든 정보를 철저하게 수집하라

무릇 치고자 하는 곳과 공격하려는 성, 그리고 죽이고자 하는 사람이 있다면 반드시 그곳을 지키는 장수와 참모들, 연락병, 문지기, 심부름꾼 등의 이름까지도 먼저 파악해 두어야 한다. 그것은 아군의 간첩이 조사하여 탐지해내야 한다.

凡軍之所欲擊 城之所欲攻 人之所欲殺 必先知其守將 左右 謁者
범 군 지 소 욕 격　성 지 소 욕 공　인 지 소 욕 살　필 선 지 기 수 장　좌 우　알 자

門者舍人之姓名 令吾間必索知之
문 자 사 인 지 성 명　영 오 간 필 색 지 지

　수박 겉핥기식의 조사가 아닌 정확한 상황을 알아내려면 간첩을 통해 얻어내야 한다. 공격할 상대가 정해지면 중점적으로 알아내야 한다. 공격의 시기, 공격의 장소, 공격의 방법 등을 정하기 전에 반드시 알아내어 참고해야 한다. 높은 성을 공격해야만 할 때 정보 없이 공격한다면 백전백패일 것이다. 공격을 가해야 할 곳을 조사하는 것은 그야말로 당연한 일이다. 만약 어떤 장수 개인을 제거하려고 할 때는 호위군의 대장과 측근이나 막료는 물론, 연락병에서 문지기, 잡역부에 이르기까지 그 이름을 알아둘 필요가 있다. 이런 내부의 사항을 정확히 알기 위해서는 간첩을 이용하는 방법밖에 없다.

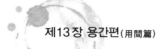

반드시
적의 간첩을 색출해내라

적의 간첩으로 우리나라에 와서 정보를 수집하는 자를 반드시 찾아내어 매수한 뒤, 더 큰 이익을 제시하여 아군의 간첩으로 만들어 되돌려 보내면 이로써 반간(反間)을 얻어 역 이용할 수 있다. 이러한 방법으로 적의 실정을 더 자세히 알아낼 수 있으므로 향간(鄕間) 과 내간(內間)도 구하여 이용할 수가 있다. 또 이로써 다양한 일들을 알 수 있으므로 사간 (死間)을 시켜 허위사실을 적에게 전할 수도 있다. 또 이 반간에 의해서 적정을 알 수 있 으므로 생간을 계획에 따라 활용할 수 있는 것이다. 이 다섯 종류의 간첩활동은 통치자 가 반드시 알고 있어야 한다. 그것은 반드시 반간을 통해서 알 수 있는 것이다. 그러므로 반간은 후대하지 않으면 안 된다.

必索敵人之間來間我者 因而利之 導而舍之 故反間可得而用也
필 색 적 인 지 간 내 간 아 자　인 이 리 지　도 이 사 지　고 반 간 가 득 이 용 야

因是而知之 故鄕間內間可得而使也 因是而知之 故死間爲誑事
인 시 이 지 지　고 향 간 내 간 가 득 이 사 야　인 시 이 지 지　고 사 간 위 광 사

可使告敵 因是而知之 故生間可使如期 五間之事 主必知之
가 사 고 적　인 시 이 지 지　고 생 간 가 사 여 기　오 간 지 사　주 필 지 지

知之必在於反間 故反間不可不厚也
지 지 필 재 어 반 간　고 반 간 불 가 불 후 야

반간은 적의 간첩을 사로잡아서 아군의 편을 만들어 역이용하는 것이다. 첩보를 통해 적의 간첩이 잠입해 들어온 것을 알아내면 모든 수사망을 가 동하여 잡아야 한다. 이미 걸려들었으면 편의를 주든가 교묘하게 이쪽으로 기울게 만든다. 그리고 반간을 되도록 이쪽 목적에 맞게 역이용하여 점차 적의 사정을 알아내는 것이다. 적정을 손아귀에 넣듯 환하게 알게 되면 향 간이나 내간과 연락이 닿아 더 자세하게 알게 된다. 다음에는 사간을 시켜

헛소문을 유포시킬 수도 있으니, 결국 생간이 무사히 정보를 가지고 올 수 있게 된다. 명군이나 지장이라야만 반간의 술책으로 건국의 위업이라는 큰 일을 해낼 수 있다고 할 것이다.

전국시대 최고의 명장으로 꼽히는 염파는 조나라의 대장군이었다. 후에 는 초나라에 망명을 가서 다시 대장군에 올랐다. 조나라의 기둥이라 할 만 한 장군이라 진나라가 최고의 강대국이었지만, 염파가 두려워서 감히 조나 라를 침공하지 못했다.

그래서 진나라가 조나라를 칠 때, 염파가 늙었다고 헛소문을 내서 그를 제거한 뒤에 조나라를 공격해서 함락시켰다. 헛소문으로 승리를 얻어낸 것 이다. 염파와 관련된 사자성어는 문경지교가 있다. 인상여라는 조나라의 재상이 진나라와 평화 협정을 맺을 때, 진나라 왕인 소양왕 앞에서 조나라 의 명예를 지키고, 조나라의 보물도 지켰다. 그래서 조나라 왕은 그를 중용 했는데, 염파가 그를 아니꼽게 보았다. 염파가 자신을 아니꼽게 본다는 것 을 안 인상여는 염파를 피해 다녔는데, 그에 대해 자꾸 헛소문이 퍼졌다. 그 래서 인상여의 하인들은 매일 기가 죽어 다녔다. 그러나 인상여는 이렇게 말했다고 한다.

"나와 염파 장군이 싸우면 진나라가 쳐들어올 것이다, 우리가 싸워 득이 된다고 생각하는가? 내가 겁쟁이가 되는 것이 낫다."

제13장 용간편(用間篇)

첩보 활동은
전쟁의 승패를 좌우한다

그 옛날 은나라가 일어날 때에는 이지가 간첩으로서 하나라에 있었고, 주나라가 일어날 때에는 여아가 은나라에 잠입해 있었다. 그러므로 어진 군주와 현명한 장수는 지혜로운 자를 골라 간첩으로 삼을 수 있으며, 그로 인해 큰 공을 이루었다. 이것이 용병의 중요한 일로, 삼군이 그 첩보를 믿고 움직이기 때문이다.

昔殷之興也 伊摯在夏 周之興也 呂牙在殷
석 은 지 흥 야 이 지 재 하 주 지 흥 야 여 아 재 은

故惟明君賢將 能以上智爲間者
고 유 명 군 현 장 능 이 상 지 위 간 자

必成大功 此兵之要 三軍之所恃而動也
필 성 대 공 차 병 지 요 삼 군 지 소 시 이 동 야

• • • • • •

적의 간첩을 잡아서 역이용하는 반간은 잘 이용하면 나라도 뒤엎을 수 있는 막강한 힘을 갖고 있다. 지혜가 탁월한 군주나 지략이 뛰어난 장수는 반간의 술책을 활용할 줄 안다.

손자는 이들 간자의 힘을 대단히 높이 평가하고 있음을 알 수 있다. 무엇보다도 적국에 대한 정확한 통계와 수치, 현재의 실정을 제대로 알아야만 전쟁의 승산이 있기 때문이다.

전국시대 때 소진은 연나라 왕을 위하여 제나라 왕을 설득하였다.

"아무리 목마른 자도 독물은 먹지 않습니다. 일시적인 갈증은 면할 수 있어도 결국 죽기 때문입니다. 연나라는 작지만 진(秦)나라 왕의 사위입니다.

대왕은 연나라의 성 10곳을 얻으셨지만, 그 일로 강한 진나라와 대적하게 되셨습니다. 독물을 먹은 것과 같지 않습니까?"

"그럼 어떻게 하면 좋겠는가?"

"예로부터 일을 잘 처리하는 자는, 재앙을 바꾸어 복으로 하고, 실패를 발판으로 공을 세운다고 하였습니다. 대왕께서 진정 소신의 계략을 들으시겠다면, 곧 연나라 성 10곳을 되돌려주십시오. 또 진의 왕은 자기 위엄으로 연나라에 10개 성이 반환되었다는 것을 알면 역시 기뻐할 것입니다. 두 나라가 같이 제나라를 모시게 된다면 대왕의 호령을 받들지 않는 자는 천하에 없을 것입니다. 즉 실속이 없는 말로 진나라를 우리 편으로 하고, 10개 성으로써 천하를 취하는 것이 패왕의 업입니다."

왕이 연나라에 10개성을 반환하자 소진을 중상하는 자가 나타났다.

"소진은 어디서나 나라를 판다. 배반을 잘하는 신하다. 이제 곧 혼란이 일어날 것이다."

소진은 벌을 받을까 겁이 나서 연나라로 돌아왔다. 얼마 뒤 왕은 그를 복직시키고 후대하였다. 후에 소진은 연나라왕의 어머니와 간통을 하였다. 연의 왕이 그것을 알면서도 소진을 후대하자 불안해져서 왕에게 말했다.

"제가 연나라에 있어서는 연의 위신을 높일 수 없습니다. 그러나 제나라에 있으면 연나라는 반드시 천하에서 중시되는 나라가 될 것입니다."

"하고 싶은 대로 하시오."

그래서 소진은 연나라에서 죄를 지었다고 소문을 낸 다음 제나라로 도망쳐 갔다. 제나라의 선왕은 그를 특별대신으로 맞이하였다. 선왕이 죽고 민왕이 즉위하자, 소진은 민왕을 설득하여 선왕을 후히 장사 지내 효도를 밝히라고 권하였다. 동시에 궁전을 높이 쌓고 정원을 크게 하여 힘을 과시하라고 권했다. 제나라를 피폐시켜 연나라의 이익을 도모할 작정이었다. 권모술책에 능해 반간이란 딱지가 붙은 소진도 확실히 연나라를 위하여 노력한 셈이다.